DAS BUCH VOM

TEE

MIT EINEM VORWORT
VON ANTHONY BURGESS

AUS DEM FRANZÖSISCHEN VON
URSULA FABIAN

Collection Rolf Heyne
München

DER TEE
ALBIONS

von Anthony Burgess

Die Franzosen haben die Vorliebe der Engländer für den Tee allzulange als exzentrische Barbarei angesehen — eben so wie die Minzsauce zum Lammbraten. Diese Spezialität der englischen Küche wurde in einem der Comics von Asterix und Obelix, in dem die beiden ihren britischen Vettern bei den Scharmützeln mit der römischen Besatzung zu Hilfe kommen, mit liebenswürdigem Spott bedacht. Obelix bricht fast in Tränen aus, als er gekochtes Wildschweinfleisch mit Minzsauce essen muß. Die Briten haben indessen niemals das Fleisch vom Wildschwein gekocht. Und ihre Mixtur aus gehackter frischer Minze, Zucker und Essig bringen sie nur zu Lammkoteletts und Hammelkeule auf den Tisch. In der gleichen Geschichte erhält der Druide Panoramix eine Lieferung von seltsamen Blättern aus China. Er wirft sie in das heiße Wasser, das die britischen Krieger zwischen zwei Gefechten trinken. Dieser Trunk läßt sie wie Teufel kämpfen. Es handelt sich natürlich um *chai* oder *char*, mit anderen Worten um Tee. Die Engländer sprechen das Wort meist als »tiiii« aus. Dagegen halten die Iren und meine Landsleute aus Lancashire noch immer am alten Vokal fest, der

sich so auch im Französischen — und im Deutschen — findet.

Samuel Pepys, der Tagebuchschreiber aus der Zeit Karls II. (der 1660 auf den englischen Thron kam) schreibt, daß er zum ersten Mal in seinem Leben »tay« getrunken habe, was »ein Getränk aus China« sei. Er sagt jedoch nicht, ob er es mochte. Zuerst war man sich nicht einig, wie man dieses Getränk zubereiten sollte. Es konnte ja entweder zu stark oder zu schwach sein. Sollte man es mit oder ohne Zucker trinken? Im achtzehnten Jahrhundert legte der größte Teetrinker aller Zeiten fest, wie die Engländer fortan Tee zu trinken hatten. Es war Dr. Samuel Johnson, der Lexikograph, der sein großes Wörterbuch der englischen Sprache ganz allein verfertigte — ohne Zweifel dank der anregenden Wirkung des Tees. Seine Teekanne faßte zwei Liter. Er trank ihn stark, milderte das Bittere des Tannin mit etwas Milch und fügte kleine Zuckerstücke hinzu. Im Hause einer vornehmen Dame hielt er seine Tasse immer wieder zum Nachschenken hin. Als er die zweiunddreißigste Tasse getrunken hatte, sagte die Dame: »Dr. Johnson, Sie trinken zu viel Tee!« Johnson erwiderte: »Madam, sie werden anmaßend.« Allem Anschein nach war die durch und durch englische Institution des *»Five o'clock tea«* zu jener Zeit bereits fest etabliert. Und es gibt sie noch immer. Tee bezeichnet nicht bloß ein Getränk, sondern ist auch zum Namen einer Mahlzeit geworden. Sandwiches und Kuchen begleiten die vergnügliche Tasse Tee. In Norden Englands, wo diese Mahlzeit *»High Tea«* heißt, gibt es dazu auch Lammkoteletts und Röstkartoffeln. Der Tee versinkt förmlich in den ihn umgebenden Speisen. Aber er ist noch da — heiß, stark und reichlich.

Die ersten englischen Teetrinker bekamen ihre Teeblätter aus China. Doch die stärkeren und weniger feinen Sorten aus Indien und Ceylon haben sich mit der Zeit am Markt durchgesetzt. (Dessen Zentrum ist Mincing Lane im Herzen jenes Londoner Stadtteils, der als die *City* bekannt ist.) Chinesischer Tee ist etwas für Leute von exquisitem Geschmack wie Oscar Wilde. Bei dessen Landsleuten, die noch immer in Irland leben, ist die derbe, stets zu lange gebrühte indische Sorte gefragt. Der irische Teegeschmack ist indes auch der der englischen Arbeiterklasse. Die meisten Teesüchtigen von bescheidener Herkunft wie ich selbst sind für Twining's Irish Breakfast Tea — im Blatt oder im Aufgußbeutel — oder gleich danach für Twining's Darjeeling. In den Salons der herrschenden Klasse bevorzugt man das Aroma von Earl Grey oder Lapsang Souchong. Zwar akzeptieren die unteren Schichten, wenn ihnen in einem China-Restaurant eine Kanne chinesischer Tee in fingerhutgroßen Tassen serviert wird, diese exotische Gabe, sie nehmen sie allerdings nicht ernst. Nach dem Essen gehen sie nach Hause und kochen sich einen richtigen, das heißt einen indischen oder ceylonesischen Tee. Die russische Art, die von den nach England eingewanderten Juden übernommen wurde, ist für die englischen Gojim aus zwei Gründen nicht annehmbar: es gibt dazu keine Milch, und das Getränk wird in Gläsern serviert! Aber es ist stark. (Russischer Karawanen-Tee hat nichts von der zarten Verlockung des chinesischen Tees.) Und er wird mit einem Löffel Marmelade gesüßt. Jedoch ein *stakan chai* — ein Glas Tee — ist schrecklich anomal.

Eine Tasse natürlich! Aber ein Klassenunterschied tut sich auf bei der Frage, was nun eigentlich mit einer Tasse gemeint ist. Die Oberschicht hat zwar kostbares Porzellan, doch darin kann gerade ein Schluck Tee serviert werden. Der Henkelbecher — eine Tasse ohne Untertasse, in die aber viel mehr Tee hineingeht — ist das Trinkgefäß der unteren Schichten. Dieser Klassenunterschied wurde im Zweiten Weltkrieg offenkundig, als die Offiziere im Offizierskasino ihren Tee aus »Upperclass«-Porzellantassen tranken, und der Rest der Armee mit Henkelbechern ausgestattet wurde, die einen halben Liter Tee faßten. Der wurde in Blecheimern zusammengebraut (und mit Zigarettenasche gewürzt.) Die Asterix-Geschichte von den vom Teetrinken wildgewordenen Engländern ist also eine Art von rückblickender Prophezeiung: Ohne

»Dieses Getränk bewahrt die Gesundheit bis ins hohe Alter. Es stärkt die Kräfte, vertreibt unnötigen Schlaf und schützt vor Müdigkeit.« So rühmte in der Mitte des siebzehnten Jahrhunderts Thomas Garraway die Eigenschaften des Tees. Er war der erste, der Tee aus China importierte und in London vertrieb. — In *Asterix bei den Briten* bekommt Asterix die Ingredienzen für diesen Zaubertrunk von dem Druiden Panoramix (oben). — 21. Juni 1937: Ein fliegender Händler vertreibt mit seinem Tee den ›unnötigen Schlaf‹ der Tennis-Fans, die schon im Morgengrauen vor den Schaltern in Wimbledon Schlange stehen (gegenüberliegende Seite).

Tee hätte England keinen der beiden Weltkriege unseres Jahrhunderts führen können.

Aber woran sich die Geister wirklich scheiden, ist die Frage: Tee oder Kaffee? Im achtzehnten Jahrhundert hatte London seine Kaffeehäuser, wo auch heiße Schokolade serviert wurde. Teehäuser gab es nicht. Diese waren eine orientalische Marotte. Tee trank man damals zu Hause. Kaffeekochen ist immer eine diffizile Angelegenheit, und nur in wenigen englischen Familien bekommt man wirklich guten Kaffee vorgesetzt. Pulverkaffee wird einem mit einem gewissen Bedauern serviert, denn eigentlich mag ihn ja keiner. Aber richtigen Kaffee zu kochen, übersteigt die Fähigkeiten britischer Haushaltstechnologie. Kaffeekochen ist Sache von professionellen Kaffeeköchen, und diese kochten ihn im achtzehnten Jahrhundert in den Kaffeehäusern. Einige davon waren nicht nur wegen ihres Gebräus berühmt. Sie waren Zentren politischer und literarischer Diskussion wie etwa Will's Kaffeehaus. In Lloyd's Kaffeehaus konnte man außerdem die neuesten Schiffahrtsnachrichten erfahren, und so wurde es mit der Zeit zum größten Versicherungszentrum der Welt. Tee wurde eigentlich nie mit dem öffentlichen Leben in Verbindung gebracht. Er gehört zu sehr zum häuslichen Bereich. Wie der von Ian Fleming erfundene James Bond halten ihn auch andere für ein ausgesprochenes Frauengetränk. Dagegen ist der Kaffee ebenso wie der Cognac, der sich ihm oft zugesellt, etwas für Männer. Hier erlaubt sich aber die Arbeiterklasse, anderer Meinung zu sein.

Die Revolte der amerikanischen Kolonien gegen die englische Krone scheint zu bezeugen, daß tatsächlich so etwas wie eine Feindschaft zwischen Tee und Kaffee besteht. Die Amerikaner in Neuengland tranken wie ihre Vettern in der Heimat Tee, aber sie empörten sich über die hohen Steuern, mit dem der Tee von der Regierung in London belegt wurde. Daher fand die *Boston Tea Party* statt. Dabei warfen als Mohikaner verkleidete amerikanische Patrioten die importierten Blätter gleich tonnenweise in den Hafen von Boston. Dies war der Anlaß für den Unabhängigkeitskrieg und machte die Amerikaner zu Kaffeetrinkern in Anlehnung an die Franzosen. Ebenso wie die Franzosen wissen auch Amerikaner nicht, wie man Tee zubereitet. Einer von Graham Greenes Romanfiguren weiß immer dann, wenn er jemanden in einem Straßencafé einen Teebeutel an einem Faden wie eine Maus am Schwanz in lauwarmes Wasser halten sieht, daß er in Paris ist. Auch die Amerikaner sind groß im Eintunken von Teebeuteln. Sie haben die Kunst des Teekochens verlernt, die sie einst aus England mitbrachten.

Von Vermont bis Florida habe ich in amerikanischen Hotels die Kellner und Kellnerinnen inständig um starken Tee gebeten. Immer bekam ich schließlich nur warmes Wasser und einen Teebeutel mit Earl Grey. Einmal, in einem Holiday Inn, gab ich ganz genaue Anweisungen: »Nehmen Sie eine Kaffeekanne. Geben Sie sechs Beutel indischen oder Ceylon-Tee von Lipton oder Twining hinein. Gießen Sie kochendes Wasser darauf und bringen Sie es her.« So ungefähr wurde es auch in Minneapolis für mich gemacht. Es gab nur einen kleinen Schönheitsfehler — die sechs Teebeutel waren mit heißem Kaffee aufgebrüht! Eine Kaffeekanne ist für Kaffee bestimmt. Folglich muß da auch Kaffee hinein. Seitdem habe ich mir ange-

Von den *Coffee Houses* (eines der ersten, wo man vor allem Tee trank, wurde 1706 von Twining eröffnet) über die *Tea Gardens* bis zu den *Tea Houses* waren die Lokalitäten, in denen in England Tee ausgeschenkt wurde (und von denen es leider immer weniger gibt) stets Stätten volkstümlicher Geselligkeit. Sie lassen sich nicht mit den vornehmen Pariser Teesalons vergleichen, sondern nur mit den französischen Bistrots, in denen man allerdings Kaffee oder Wein trinkt. Zwei Soldaten auf Urlaub, die 1926 ihren *Afternoon Tea* in Lyons Corner House in der Coventry Street trinken (gegenüberliegende Seite).

wöhnt, mit meinem eigenen Halbliter-Henkelbecher und einem elektrischen Wasserkessel durch die Vereinigten Staaten zu reisen. Das gilt dort als typisch englisch.

Bevor ich fortfahre, wäre es für mich jetzt wohl an der Zeit, genau zu erklären, wie man Tee zubereiten muß. Zuerst braucht man eine große Teekanne. Dann muß man einen Wasserkessel haben. Während das Wasser kocht, muß man gleichzeitig die Teekanne erwärmen. Es wäre unklug, sie mit heißem Wasser auszuschwenken. Denn dies ist schwierig wieder herauszubefördern, und folglich wäre die Teekanne innen naß. Sie muß jedoch völlig trocken sein. Also muß man die Teekanne gut zwei Zentimeter hoch in sehr heißes Wasser stellen. Wenn der Boden der Kanne außen so heiß ist, daß man ihn kaum anfassen kann, dann ist er innen heiß genug für den Tee. Davon gibt man in die erwärmte Kanne traditionsgemäß einen vollen Teelöffel für jeden Teetrinker und zusätzlich einen für die Kanne. Natürlich kann man diese Dosis je nach Geschmack oder, genauer gesagt, je nach Gewohnheit erhöhen. Ich zum Beispiel nehme einen vollen Dessertlöffel statt eines Teelöffels. Darüber gießt man kochendes Wasser aus dem Kessel, rührt sacht um, legt den Deckel auf und läßt den Tee fünf Minuten ziehen. Danach gießt man ihn in Tassen oder Henkelbecher.

Wenn man Milch zum Tee nimmt — nur eine winzige Menge, um die Wucht des Tannins abzu-

schwächen — muß man sich entscheiden, zu welcher Gruppe man gehören möchte: zu der, die die Milch vor dem Tee in die Tasse gießt, oder zu jener Schule, die die Milch hineintropfen läßt, wenn sich der Tee bereits dunkel dampfend in der Tasse befindet. Ich glaube nicht, daß sich daraus ein großer Unterschied ergibt. Es ist lediglich eine der typisch englischen Kontroversen, die einen vor dem *taedium vitae* bewahren. Jetzt kann man auch Zucker hineingeben, obwohl das bei vielen Tee trinkenden Experten verpönt ist. George Orwell war einer von ihnen. Er schrieb einen Essay mit dem Titel »A Nice Cup of Tea«, der allerdings weniger bekannt ist als sein Buch *Neunzehnhundertvierundachtzig* (in dem einer der Schrecken darin besteht, daß es zwar Gin, aber keinen Tee gibt). In seinem Essay schreibt er, daß Zucker für den Geschmack des Tees tödlich ist. Er sagt weiter, daß man seinen Tee um so stärker liebt, je älter man wird. Für ihn bestand eine der wenigen guten Eigenschaften des englischen Ernährungsministeriums in der Bereitwilligkeit, während des Krieges den Bürgern über fünfundsechzig (und Frauen schon über sechzig) eine größere Teeration zuzubilligen als den unreifen Jüngeren.

Tee ist, obwohl er aus dem englischen Leben nicht mehr wegzudenken ist, eine höchst exotische Substanz. Deutsche U-Boote haben besonders im Atlantik zahlreiche Handelsschiffe versenkt, die Lebensmittel nach England bringen sollten. Aber

Tea Time, oft eine Angelegenheit von subtilem Raffinement, ist in England wie überall in der Welt ein Stück Lebenskunst. Man nimmt sich Zeit, entflieht dem Alltag, macht es sich behaglich und genießt den Augenblick. *Tea Time* ist gelegentlich der reine Luxus, und die Engländer gewinnen ihr nicht selten eine humorvolle Seite ab. *Tea Tanic,* Serigraphie aus *À la Recherche de Sir Malcolm,* einem Comic Strip von Floc'h und Rivière (oben). — An Deck eines Transatlantik-Liners in den zwanziger Jahren (gegenüberliegende Seite).

spärliche Teeimporte aus Indien und Ceylon kamen trotzdem noch nach England. Denn die japanischen Seestreitkräfte waren im Pazifik beschäftigt, nicht so sehr im Indischen Ozean. Und die englische Marine hielt die Teeroute im Roten Meer und im Mittelmeer offen. Ohne Tee hätten die Engländer nicht kämpfen können. Ein Roman von Len Deighton mit dem Titel *SS-GB* stellt ein imaginäres England unter der Knute der Deutschen nach 1940 vor (in Analogie zur Situation in Frankreich). Es gibt zwar Tee für die unterjochten Briten, aber nur in Pulverform. Und er schmeckt nach Zitronenersatz — so, wie ihn die Besatzungstruppen der Nazis bevorzugen. Deightons Romanfiguren leiden darunter, aber sie lehnen sich nicht dagegen auf. In diesem Punkt ist das Buch alles andere als plausibel. Ohne echten Tee würden die unterjochten Briten die Gefahren eines Aufstandes auf sich genommen haben. Ich übertreibe nicht. Wir können einfach nicht ohne Tee auskommen.

Tee ist, wenn man so will, eine Droge, obwohl der Tropfen Milch eine Verbindung zur gesunden Mutterbrust herstellt. Dr. Johnsons Biograph, James Boswell, befürchtete, daß die Mengen von starkem Tee, die der große Meister ständig konsumierte, seinen Nerven schaden könnten. Doch obwohl das Tannin bei einigen schwächlichen Naturen das Verdauungssystem beeinträchtigen kann, so tut es das doch weit weniger als der französische Wein, den viele von uns nicht mehr trinken. Denn Wein wird zunehmend wegen seines Tanningehalts angeprangert. Es gibt in England noch immer den Aberglauben, daß starker Tee, wenn man ihn zu einem gegrillten Steak oder zur sonntäglichen Scheibe Roastbeef trinkt, im wörtlichen Sinne das Fleisch gerbt und in Leder verwandelt. Doch das ist jedenfalls eine geringer Preis, den man für die stimulierende Wirkung einer Kanne Tee am Morgen, am späten Vormittag, am Mittag, am Nachmittag, am Abend und um Mitternacht zahlen muß. Ich sage mit Bedacht eine Kanne, und ich meine Teeblätter und nicht Teebeutel. Denn es gibt Gerüchte, wonach das Papier der Teebeutel nicht ganz gesund ist: Es soll da eine chemische Reaktion zwischen den chemischen Substanzen im Teeblatt und der dioxin-getränkten Papierhülle geben, die zu dieser oder jener Krankheit führen kann. Doch so praktisch der Teebeutel auch sein mag, er ist allemal und immer nur ein lächerlicher Ersatz für den duftenden, gehäuften Löffel des wirklichen Stoffes.

Teebeuteln gibt man heutzutage den Vorzug, weil es schwierig ist, die aufgebrühten, ausgelaugten und matschigen Teeblätter loszuwerden, die in der kalten Kanne zurückbleiben. Man kann sie nicht einfach ins Spülbecken kippen, ohne einen verstopften Abfluß zu riskieren. Sie in die Toilette zu schütten und wegzuspülen, gibt dem, was vorher ein kultiviertes Getränk war, einen Hauch von Exkrementen. Hühner mögen Teeblätter mit altem Brot vermischt, aber nur wenige Leute halten Hühner. Man kann die Teeblätter auf den Boden streuen und dann zusammen mit dem Staub, den sie anziehen, ausfegen. Man kann sie auch in der Teekanne lassen und mit kochendem Wasser wieder zum Leben erwecken. Doch ihre Lebenskraft ist weg, und man trinkt nur noch den Schatten ihrer selbst. Sie sind, wenn sie nicht mehr gebraucht werden, eine Plage — genau wie Menschen. Aber Teebeutel vorzuziehen, heißt sich mit

»Für unsere Soldaten ist Tee wichtiger als Munition!« erklärte Churchill 1942. Und die Engländer sind der Meinung, daß sie ohne ihr Lieblingsgetränk nicht das Bombardement ihrer Städte ausgehalten und ihre Soldaten auch nicht das Afrikakorps besiegt hätten. Während des Zweiten Weltkriegs war der Tee für alle Briten eine Art Geheimwaffe, die ihre Moral stärkte und ihre Freiheit symbolisierte. Ein vom Zivilschutz entworfener Schutzraum, der als Anschauungsbeispiel für die Bevölkerung diente (gegenüberliegende Seite).

dem Schatten von wirklichem Tee zufrieden zu geben.

Seine Substanz bleibt etwas so Magisches, daß es schon merkwürdig ist, daß der Tee so wenig in den Künsten verherrlicht worden ist. Ein Franzose, Maurice Ravel, hat in *L'Enfant et les Sortilèges* den *Five o'clock tea* in einem verjazzten Tanz gefeiert. Aber kein Engländer hat je ein musikalisches Werk über den Tee hervorgebracht, das ein Pendant zu Bachs *Kaffee-Kantate* wäre. Ein Parlamentsabgeordneter, A. P. Herbert, hat einen geistlosen Schlager mit dem Refrain *A Nice Cup of Tea* geschrieben (in England ist eine Tasse Tee immer *nice*, wie in Italien ein Steak immer *una bella bistecca* ist). Der Dichter William Cowper sang ein Loblied auf »the cups that cheer but not inebriate« (»die

Tassen, die fröhlich, aber nicht trunken machen«). G. K. Chesterton räumte in Versen, die den Kakao anprangern, ein: »Tea, although an Oriental, is a gentleman at least« (»obwohl ein Orientale, ist der Tee zumindest ein Gentleman«). Aber damit ist die Literatur über den Tee auch schon erschöpft. Ich habe meine Zweifel, ob es ein englisches Buch gibt, das dem Tee gewidmet ist. Aber hier ist ein französisches. Vielleicht ist der Tee so mit dem Magengewebe der Engländer verwoben, daß sie ihn nicht mehr aus einem gelehrten oder ästhetischen Blickwinkel betrachten können. Er ist ein Bestandteil des englischen Lebens — wie das Atemholen. Es würde mich freuen, wenn das der Tee auch im französischen Leben werden würde — zusammen mit der Minzsauce zur gebratenen Lammkeule.

Eine der Extravaganzen, die einer ›*Nice Cup of Tea*‹ würdig sind: Die größte Teekanne der Welt, die sieben Liter faßte und auf der Weltausstellung von 1938 ausgestellt wurde (oben). — Juli 1947: Während der Hundstage suchen die Stenotypisten aus der City Abkühlung im Schwimmbad in der Endell Street (gegenüberliegende Seite).

· DIE · TEE GÄRTEN

Alain Stella

Wenn man wissen möchte, was die besten Teegärten der Welt — vom Fernen Osten bis Westafrika — gemeinsam haben, dann sollte man sie nachts aufsuchen. Nach Anbruch der Dunkelheit gleicht einer dem anderen: Sie sind alle wolkenverhangen und durchweht von einem kühlen Bergwind, und sie liegen unter dem gleichen Regen. Überall hört man die gleichen Geräusche des Wassers: das Prasseln des Regens auf den Blättern, das Tosen der Wildbäche und der Wasserfälle. Und überall verspürt man den gleichen Geruch von warmer, feuchter Erde. Damit der Tee subtilste Aromen ergibt, benötigt er, in welcher Gegend der Welt er auch wächst, ein feuchtes, gemäßigtes Klima, sonnenwarme Tage, regenreiche Nächte und reine Höhenluft. Erst im Morgengrauen, beim ersten Zwitschern der Vögel, wenn sich die Wolken über den Berggipfeln auflösen oder auf den Grund der Täler sinken, wenn die ersten Sonnenstrahlen die Nebel auflösen und auf den Blättern in schillernde Tautropfen verwandeln, dann entdeckt man allmählich die unendliche Vielfalt der Teelandschaften. Jetzt ist von Japan bis Kamerun kein Teegarten wie der andere. Die Farbe der Erde, das Relief der Berge, die umgebende Vegetation und die Teepflückerinnen, die um diese Zeit kommen, sind nirgendwo die gleichen.

Der Tag beginnt in den Teegärten Asiens. Eine Plantage in Ceylon (Sri Lanka), der »Insel des Tees« (oben). — Der Kangchenzönga (8598 m) über Darjeeling im Nordosten von Indien, von dem die Legenden berichten, daß er die Heimstätte des Gottes Schiwa sei (gegenüberliegende Seite). — In einem Garten von Nilgiri im Südwesten Indiens: Dieser junge Sproß der *Camellia sinensis* (botanischer Name des Teestrauchs) muß mindestens ein Jahr in der schattigen Baumschule wachsen, bevor er in den Teegarten ausgepflanzt wird (Seite 20).

DARJEELING

Im Nordosten Indiens, an der Grenze zu Nepal, Sikkim und Bhutan, in den Bergen von Darjeeling, wo die edelsten und berühmtesten schwarzen Tees angebaut werden, steigen in der Morgendämmerung die Frauen im Gänsemarsch die Pfade zu den einundsechzig Teegärten hinauf, von denen die besten über fünfzehnhundert Meter hoch liegen. Die Pflückerinnen sind Frauen des Himalaya, kräftig wie alle Bergbewohner, mit hohen Backenknochen und Schlitzaugen. Sie sind ärmlich gekleidet. Doch einige tragen Silberperlen als Nasenschmuck. Weit hinter ihnen, ganz nahe dem von der Morgenröte gefärbten Himmel, erhebt sich geheimnisvoll der Kangchendzönga mit seinen mehr als achttausend Metern. In den Weiten seines ewigen Schnees, so sagt man, wohnt Schiwa, der große Weltenschöpfer. Nicht weit von Darjeeling mit seinen hübschen Landhäusern, seinen Hotels, in denen sich die Reichen aus Kalkutta von der Schwüle des Monsuns erholen, steigen die Pflückerinnen bergaufwärts. Sie

begegnen rotgekleideten Schulkindern und Bauern, die auf die Märkte der umliegenden Dörfer ziehen. Auf verschlungenen Pfaden zwischen den Felsen, wo Bergsteigergruppen trainieren, erreichen sie schließlich den Teegarten.

Das kann Castleton, Jungpana, Tukvar oder Badamtam sein. Was man in Darjeeling einen Teegarten nennt, ist in Wahrheit eine große Plantage, die sich manchmal über fünfhundert Hektar ausdehnt. Aber sie bleibt ein »Garten«, und der Tee, der dort wächst und auf althergebrachte Art geerntet wird, trägt dessen Namen. Die einundsechzig Teegärten produzieren jährlich fünfzehn Millionen Tonnen Tee. Die klimatischen Bedingungen, die Höhenlage, das englische Know-how und und der Verzicht auf Höchsterträge verleihen diesem Tee seine unvergleichliche Qualität.

Durch sachkundige Kreuzung von Assam-Pflanzen mit großen Blättern und China-Pflanzen mit kleineren und robusteren Blättern, die je nach Höhenlage der Gärten eine andere ist, erhält er seine besondere Vielfalt. Die beiden hauptsächlichen Varietäten des Teestrauchs — oder

Traditionelle Tee-Ernte an den Ausläufern des Himalaya bei Darjeeling. Hier wächst in zweitausend Meter Höhe einer der besten Tees der Welt. Die Darjeelings sind zweifellos die berühmtesten Spitzentees. Die Niederschlagsmessung ist ein wichtiger Faktor bei der Kultivierung des Teestrauchs, der reichliche und regelmäßige Regenfälle zu seinem Wachstum benötigt. Teepflückerinnen im Regen (oben). — Tee-Ernte in einem der einundsechzig Teegärten von Darjeeling. Das bergige Terrain verhindert eine mechanische Pflückung und läßt nur traditionelle Erntemethoden zu. So wird die außergewöhnliche Qualität des Tees bewahrt.

nach seiner botanischen Benennung der *Camellia sinensis* — kreuzt man gelegentlich, um Hybriden zu bekommen. Ein wildwachsender China-Teestrauch wächst zwei bis drei Meter hoch und wird über hundert Jahre alt. Ein nicht beschnittener Assam-Teestrauch kann bis zu zwanzig Meter hoch werden. Er hat jedoch nur eine Lebensdauer von fünfzig Jahren.

In den Plantagen nördlich von Darjeeling, die manchmal bis über zweitausend Meter hoch liegen, trifft man hauptsächlich den China-Teestrauch an, der die Kälte besser übersteht. Im Süden, wo sich die Plantagen in einer Höhe von etwa dreihundert Metern befinden, kann dagegen der Assam-Teestrauch die reichlichen Niederschläge besser vertragen.

Die Vielfalt der Darjeeling-Tees wird überdies noch durch das Spiel des Windes und des Regens gesteigert, das je nach Lage und Höhe der bepflanzten Hänge wechselt. Ganz besonders aber wird diese Vielfalt vom Ablauf der Jahreszeiten bestimmt. Wenn der Teeliebhaber auch nicht im-

mer den Unterschied zwischen einem Makaibari und einem Puttabong feststellt, so wird er jedoch ohne Zögern einen Selimbong aus der Frühjahrspflückung (»first flush«: vom 15. April bis zum 31. Mai) von einem aus der Sommerpflückung (»second flush«: vom 15. Juli bis zum 15. August) und einem aus der Herbstpflückung (vom 1. November bis zum 15. Dezember) unterscheiden können.

Die Sonne erscheint über den schneebedeckten Gipfeln. Überall auf der Welt brauchen die besten Tees mindestens fünf Stunden Sonne am Tag. Die Frauen betreten nun ihre Teegärten. Hier in den Ausläufern des Himalaya bedecken die Plantagen wie ein großer grüner Teppich die Berghänge. Sie nehmen dabei die bewegtesten Formen an, stürmen bis zu den Gipfeln empor und stürzen bis zu den Bergflüssen in die Talsohle. Nicht selten stehen die Teesträucher auf Hängen mit einer Neigung von fünfundvierzig Prozent, wo niemals Maschinen eingesetzt werden können. Die Berge zwingen zu einer manuellen Pflückung und sind so eine immerwährende Garantie für die Qualität des Tees.

Nach der Pflückung müssen die Teeblätter auf schnellstem Weg in die Manufaktur gebracht werden, damit sie ihre Frische nicht verlieren. Deshalb befinden sich die Manufakturen stets in unmittelbarer Nähe der Gärten, und jeder größere Teegarten hat seine eigene. Die Manufaktur von Maikabari, einer der berühmtesten Teegärten von Darjeeling (oben). — Vor der Teeherstellung werden die Blätter, je nach gewünschter Qualität, in Darjeeling handverlesen (gegenüberliegende Seite).

ASSAM

Bis auf wenige, aber wesentliche Unterschiede besonders beim Klima und bei der Beschaffenheit des Geländes gleicht der Arbeitstag der Pflückerinnen in Darjeeling dem der Frauen in der zweihundert Kilometer weiter östlich gelegenen Hochebene von Assam an der Grenze von China, Birma und Bangladesch. Hier an den Ufern des Brahmaputra, wo man 1823 die wilden, zwanzig Meter hohen Teesträucher entdeckte, ist eine der feuchtesten und unwirtlichsten Gegenden der Welt. Das Tal zwischen dem Himalya und den Bergen Naga und Patkoi war noch von dichtem Dschungel bedeckt, als im neunzehnten Jahrhundert englische Pflanzer begannen, es urbar zu machen. Noch heute ist es eine der am dünnsten besiedelten Gegenden Indiens. Hier gibt es noch heute Bergstämme mit Lebensgewohnheiten wie vor tausend Jahren.

Von April bis September ergießen sich sintflutartige Monsunregen über die Hochebene von Assam. Sie lassen den Strom anschwellen, der weiter im Süden, in Bangladesch, das Gangesdelta überschwemmt und jedes Jahr einen hohen Tribut an Menschenleben fordert. Dann steigt die Temperatur bis auf fünfunddreißig Grad. In diesem riesigen natürlichen Treibhaus wächst fast ein Drittel des indischen Tees. Etwa zweihunderttausend Tonnen werden hier pro Jahr geerntet, und hier wachsen einige der besten Tees der Welt.

Die Pflückerinnen von Assam ähneln nicht den Bergbewohnerinnen von Darjeeling, sondern haben, wie die meisten Frauen des indischen Subkontinents, große dunkle Augen und feingeschnittene Gesichter. Auf den Reklamebildern des Tea Board of India werden sie mit lächelnden Gesichtern dargestellt, anmutig gekleidet in bunte Saris und geschmückt mit silbernen Armreifen. Aber in Wirklichkeit sind sie gezwungen, unter besonders extremen Klima- und Umweltbedingungen zu arbeiten.

In einer überhitzten Treibhausatmosphäre pflücken sie täglich acht Stunden lang Tee. Oft müssen sie sich dabei in Plastiksäcke hüllen, um sich vor Insektenstichen und Schlangenbissen zu schützen. Wenn ihnen der Aufseher die Anweisungen für den Tag gegeben hat, welche Parzellen zu bepflücken und wo die Sammel- und Wiegestellen diesmal sind, nehmen sie einen großen geflochtenen Korb auf den Rücken, den sie mit Hilfe eines um die Stirn geschlungenen Riemens tragen. Danach gehen sie in einer langen Reihe in einen von den zweitausend Teegärten von Assam.

Das kann Rungagora, Betjan, Silonibari oder Keelung sein. Jeder Garten erstreckt sich über eine weite ebene Fläche von über fünfhundert Hektar und verliert sich am Horizont. Große schattenspendende Bäume geben ihm das Aussehen einer weiten, luftig angelegten Waldung. Mehrere hundert Frauen durchkämmen ihn jeden Tag. Fast tausend Frauen sind es während der Haupternte zwischen Juli und September.

In Asien sieht man äußerst selten einen Mann Tee pflücken. Man pflegt hier zu sagen, daß nur die Feinfühligkeit, die Geschicklichkeit und die Geduld von Frauenhänden einen guten Ertrag ergeben, ohne daß die Qualität des Pflückgutes geschmälert wird. Zweifellos trifft das zu. Aber auch gesellschaftliche und ökonomische Gründe und überdies wahrscheinlich solche, die einen symbo-

Das Hochtal von Assam im Nordosten von Indien ist der größte Tee-Erzeuger der Welt. Seine zweitausend Gärten liefern mehr als ein Drittel der siebenhunderttausend Tonnen Tee, die in Indien jährlich erzeugt werden. Der Dschungel an den Ufern des Brahmaputra, wo wilde Teesträucher unter sintflutartigen Monsunregen wuchsen, wurde erst zu Beginn des neunzehnten Jahrhunderts gerodet. Die Plantage von Mituoni mit ihrer Waldlandschaft von großen Schattenbäumen ist charakteristisch für die unendlichen Teegärten von Assam, die manchmal tausend Hektar groß sind (gegenüberliegende Seite).

lischen Ursprung haben, erklären dieses Phänomen, das für manche zum geheimnisvollen Zauber des Tees beiträgt. Wie dem auch sei, das Teepflücken in den großen Teegärten unterliegt genauen Vorschriften, die keinerlei Ungeschicklichkeit zulassen. Die Frauen gehen mitten zwischen die Teesträucher. Es sind kleine Sträucher von etwa achtzig Zentimeter Umfang. Da sie regelmäßig gestutzt werden, sind sie nicht höher als anderthalb Meter. Mit beiden Händen und mit einer erstaunlichen Schnelligkeit und Genauigkeit pflücken die Frauen nur die jüngsten Blätter — es sind die obersten, die den sogenannten Pflücktisch bilden —, indem sie mit einem geschickten Griff von Zeigefinger und mittlerem Finger die Blattstengel durchtrennen.

Bei der Feinpflückung der besten Tees beschränkt man sich ausschließlich auf die von einem leichten weißen Flaum überzogene Endknospe eines Zweiges und die beiden folgenden Blätter. Bei den gewöhnlicheren Tees begnügt man sich mit einer Grobpflückung: Es sind die Endknospe und die folgenden drei, vier oder fünf Blätter. Doch in allen Gärten werfen die Pflückerinnen mit einer seit Menschengedenken gleichen Geste die Blätter über die Schulter in den Tagekorb. Diese Geste ist eine Großtat, wenn man bedenkt, daß zum Beispiel in Assam jede Pflückerin täglich etwa fünfzigtausend Triebe pflückt. Wenn der Tragekorb voll ist, ziehen die Pflückerinnen zu einem Sammelplatz, wo die Blätter schnell begutachtet und anschließend gewogen werden. Die Frauen werden nach der Qualität und dem Gewicht ihres Pflückgutes bezahlt — mit einigen Rupien, noch nicht einmal zwei Mark pro Tag. So ist in jeder Tasse Tee auch eine gehörige Dosis Mühsal.

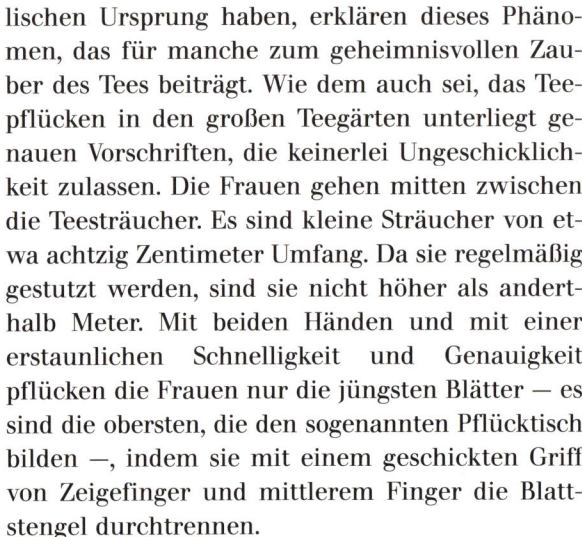

Die Ernte, die große Sorgfalt und Geschicklichkeit erfordert, bestimmt im wesentlichen die Qualität des Tees. Für die beste Teequalität wird in den besseren Gärten eine »Feinpflückung« durchgeführt, das heißt, es werden nur die Endknospe und die beiden folgenden jüngsten Blätter geerntet. Teepflückerin in den Blue Mountains, einer Plantage in Südindien (oben). — Ein Bauernmädchen aus Bangladesch vor ihrem »Pflücktisch« (gegenüberliegende Seite oben). — Die Blattknospe und die beiden jüngsten Blätter für die »Feinpflückung« (gegenüberliegende Seite unten).

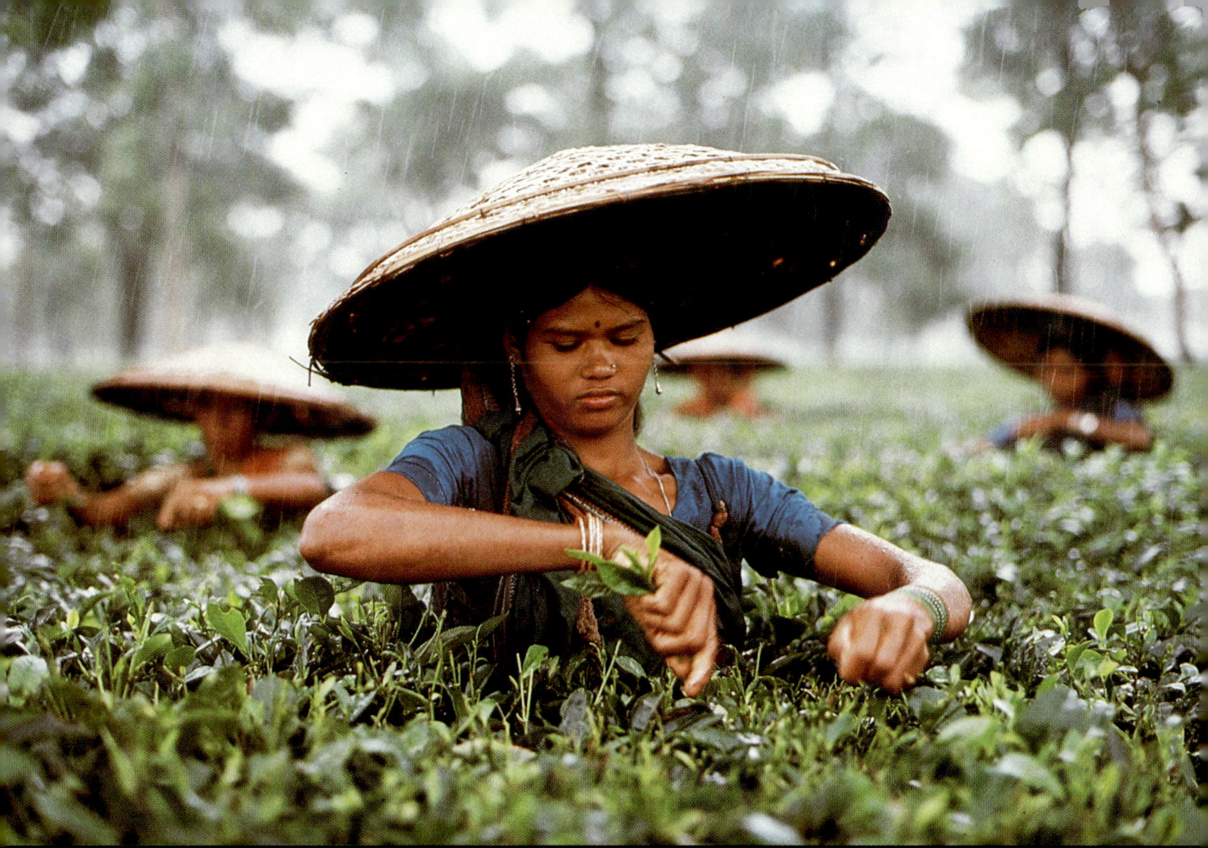

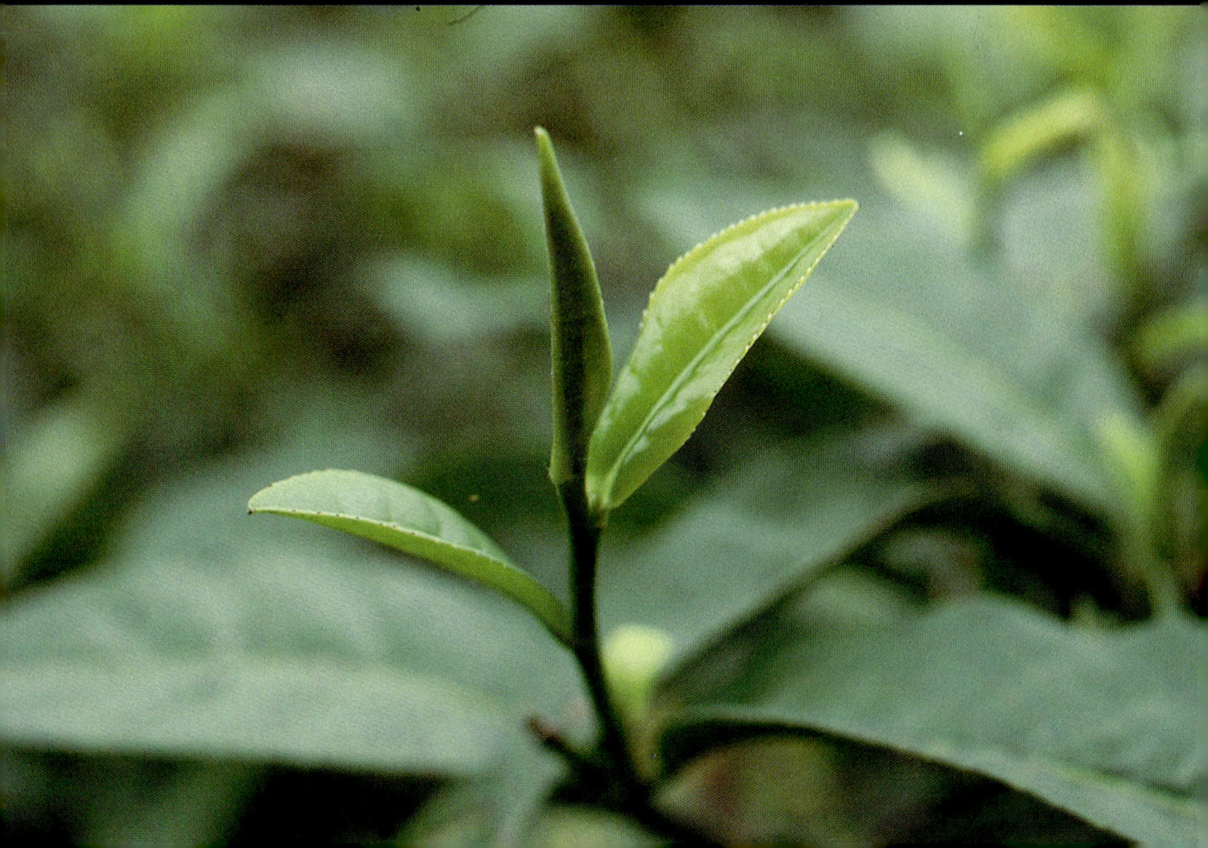

CEYLON

Sanfte Winde, eine leichte, klare Luft und ebenmäßige Hügelketten geben den Teegärten auf Ceylon ein harmonischeres Aussehen, als es die indischen haben, und die bunten Farben der Saris zwischen den grünen Teesträuchern verleihen ihnen einen stärkeren Eindruck von Schönheit. Hier findet man Plantagen von menschlicheren Ausmaßen. Manche umfassen noch nicht einmal zwanzig Hektar. Die meisten befinden sich im Südwesten der Insel. Wie immer liegen die besten in einer Höhe von tausend bis zweitausend Metern auf den Ost- und Westhängen der Hochebenen. Je nach ihrer Lage unterliegen sie dem Einfluß eines der beiden Monsune: Auf den Westhängen erzielt man die beste Ernte von Ende Juni bis Ende August, auf den Westhängen vom 1. Februar bis zum 15. März.

Wir sind in Dimbula, Uva Highlands, Devonia oder in Pettiagalla. Es ist Mittag. Die tamilischen Pflückerinnen im Sari — oder wie man hier sagt, im *Longhi* — tragen ein langes, weißes Kopftuch, das ihre Schultern vor der Sonne schützt. Trotz ihrer Armut sind sie geschmückt mit Armbändern und Fußreifen aus Silber und mit Halsketten aus Gold. Die Anmut und die Zartheit ihrer leicht gebeugten Silhouetten paßt sich den niedrigen Teesträuchern an, die man alle zehn Meter fast baumhoch wachsen läßt, damit sie etwas Schatten

»Wie die Römer in die von ihnen eroberten Länder Weinreben gebracht haben, so haben die Engländer nach Indien, Ceylon und Afrika den Teestrauch gebracht.« Hugh Johnson. Ein Teegarten in Ceylon mit den terrassenförmigen Jungpflanzungen und der Teemanufaktur (oben). — Der Tanz der Sari unter den Schattenbäumen in einem indischen Teegarten (gegenüberliegende Seite).

spenden und die Parzellen markieren. Ab und zu überwachen weißgekleidete Männer — mit Turban, Weste und knöchellangem Rock — die Ernte. Wenn die Tragekörbe gefüllt sind, folgen sie den Pflückerinnen bis an die Tore der Manufaktur, wo der Tee gewogen wird. — Die abgebildete Teemanufaktur auf Ceylon, ein langgestrecktes Gebäude in einem kleinen Tal gelegen, läßt einen an ein Gebirgssanatorium im Sommer denken, das irrtümlicherweise in einer tropischen Gegend gebaut wurde. — Wenn die Seele des Teegartens in den Händen der Pflückerinnen liegt, so ist die Manufaktur gleichzeitig sein Herz und sein Hirn.

Die schwarzen Tees aus Ceylon, Indien oder China, die man in Europa bevorzugt, sind das Er-

gebnis eines langwierigen Verarbeitungsprozesses der frischgepflückten Blätter. Es handelt sich hierbei um einen fermentierten Tee. Das Fermentieren von Tee erfordert genauso viel Sorgfalt und präzise abgestimmte Arbeitsgänge wie das Fermentieren von Trauben. Und diese industrielle Fertigkeit, die den exotischen und seit ihren ersten Anfängen scheinbar unveränderten Teegärten auch einen technischen Aspekt gibt, verdient, genauso beschrieben zu werden wie der Reigen der Saris. Aber wenn man auch lange Zeit unbeweglich unter einem schattigen Baum der Ernte zusehen kann, leicht eingeschläfert vom Säuseln des Windes in den Blättern oder bezaubert vom leisen Gesang und den murmelnden Stimmen der

Überall in Asien ist das Teepflücken Frauensache. Es heißt, daß nur die Frauen die dazu nötige Geduld und Geschicklichkeit aufbringen. Die Ankunft der Pflückerinnen in einem Garten der Bergregion bei Nuwara Eliya in Ceylon. Lange Bambusstäbe werden manchmal auf den »Pflücktisch« gelegt, um die Höhe festzulegen, unterhalb der keine Blätter mehr gepflückt werden sollen (oben). — Das Verlesen der Teeblätter in Ceylon, bevor sie in Säcke gelegt und gewogen werden (gegenüberliegende Seite).

Pflückerinnen, so kann man jedoch, sobald man das Tor der Manufaktur durchschritten hat, es im ohrenbetäubenden Lärm der Maschinen nicht lange aushalten, geschweige denn träumen.

Hier arbeiten hauptsächlich Männer. Im Halbdunkel, in großer Hitze und in einem unaufhörlichen Lärm bewegen sich Arbeiter und Techniker, barfüßig und in sehr englisch wirkenden Shorts, in einem unbeschreiblichen Wirrwarr von Maschinen. Die Fabrikation von schwarzem Tee besteht überall auf der Welt aus fünf aufeinander folgenden Arbeitsgängen.

Zuerst werden beim Welken die Blätter weich und geschmeidig gemacht, indem ihnen die Hälfte ihres Wassergehalts entzogen wird, damit man sie anschließend rollen kann, ohne daß sie brechen. Dazu breitet man sie in einer dünnen Schicht auf Rosten aus, die im Abstand von etwa zwanzig Zentimetern aufeinander gestellt werden und zwischen denen man vierundzwanzig Stunden heiße Luft zirkulieren läßt. In den modernsten Anlagen geschieht heutzutage das Welken im Heißluftkanal oder in großen geschlossenen Be-

hältern, was diesen Arbeitsgang auf nur sechs Stunden verkürzt.

Nach dem Welken werden die Blätter gerollt. Das Rollen, bei dem die Zellwände der noch grünen Blätter zerquetscht und die ätherischen Öle freigesetzt werden, wurde früher zwischen den Handflächen gemacht. Doch schon früh wurden dafür schwere Metallscheiben verwandt, die sich gegeneinander in imposanten Rollmaschinen drehen.

Die gerollten Blätter werden anschließend auf lange Schüttelsiebe gegeben, wo sie aufgeschüttelt und nach Blattgröße und Zustand, d. h. ganz oder gebrochen, sortiert werden. Dieses Sortieren geschieht in einigen Teegärten noch heute von Hand. Es erlaubt eine Einstufung des schwarzen Tees nach Feinheitsgraden: In den besten Teegärten ergeben die ganzen Blätter, je nach Blattgröße und Art, wie sie gerollt wurden, den Orange Pekoe (O.P., in Längsrichtung gerollte Blätter in einer Größe von acht bis fünfzehn Millimetern), den Flowery Orange Pekoe (F.O.P., ebenso gerollte, aber kleinere Blätter von fünf bis acht Millimeter Länge), den Golden Flowery Orange Pekoe

Von der Vermehrung der Pflanzen, die sorgfältig in Anzuchtbeeten erfolgt, bis zur Verpackung des fertigen Tees finden alle Etappen der Teeproduktion auf dem Gelände des Teegartens statt. Die Vermehrung erfolgt zunehmend weniger durch Samen, sondern mehr und mehr durch Stecklinge. Anzuchtbeete im Garten von Sangsua in Assam (vorhergehende Doppelseite). — In einem Garten von Nilgiri, im Südwesten von Indien: Das Wenden der Blätter während des Welkens, der ersten Stufe der Teeherstellung. Durch das Welken wird das Blatt weich gemacht, damit es beim nachfolgenden Rollen nicht bricht (oben). — Frischgepflückte Teeblätter werden in die Teefabrik von Glenloch Tea Estate, Ceylon, gebracht (gegenüberliegende Seite).

(G.F.O.P., ein F.O.P., bei dem einige Blätter eine goldbraune Blattspitze haben), oder den Tippy Golden Flowery Orange Pekoe (T.G.F.O.P., bei dem alle Blätter eine goldbraune Spitze haben). Die mit oder ohne Absicht gebrochenen Blätter ergeben — stets auf die großen Gewächse bezogen — den Broken Orange Pekoe (B.O.P.), den Golden Broken Orange Pekoe (G.B.O.P.) oder den Tippy Golden Broken Orange Pekoe (T.G.B.O.P.). Ganz fein gebrochene Tees ergeben die Fannings (etwa eineinhalb Millimeter große Partikel) und den Dust (weniger als einen Millimeter große Partikel).

Anschließend folgt der wesentlichste Arbeitsgang, wobei der schwarze Tee seine Farbe und vor allem die Feinheit seines Aromas erhält: das Fermentieren. Alle Experten sind sich einig, daß hierin das größte Mysterium liegt. Keiner weiß mit Gewißheit, von welcher Alchimie dieser Nektar abhängt, denn bestimmte zelluläre Reaktionen, die während der Fermentierung ablaufen, sind bislang weder begriffen, noch bestimmt worden. Es bleiben jedoch einige gesicherte Tatsachen: die Fermentation der Blätter vollzieht sich, nachdem diese auf großen Zement-, Glas- oder Aluminiumflächen ausgebreitet wurden, in einer mit mindestens neunzig Prozent Feuchtigkeit gesättigten Atmosphäre. Eine Lufttemperatur zwischen 22°C und 28°C muß sorgfältig überwacht und aufrechterhalten werden, denn durch eine auch nur winzige Abweichung nach oben riskiert man, daß der Tee einen verbrannten Geschmack bekommt. Durch eine Abweichung nach unten riskiert man ein Abbrechen der Fermentation. Bei dieser konstanten Temperatur und Luftfeuchtigkeit erhitzt sich das Blatt durch den Ablauf von verschiedenen chemischen Reaktionen. Das kann zwischen ein und drei Stunden dauern. Danach kühlt es sich ab. Das Talent des Teamakers zeigt sich besonders darin, wann er diesen Vorgang unterbricht. Um das beste Ergebnis zu erhalten, muß er ihn in dem Augenblick abbrechen, da das Blatt aufhört, sich zu erhitzen.

Anschließend kommen die Blätter in Trockenkammern, wo sie in Heißluft von mindestens achtzig Grad etwa zwanzig Minuten getrocknet werden. Das Trocknen ist der letzte Arbeitsgang. Auch er erfordert ein besonderes Geschick. Denn wird der Tee zu schwach getrocknet, kann er durch eine spätere Schimmelbildung verdorben werden, und ist die Trocknung zu stark, dann verliert der Tee einen großen Teil seines Aromas. So also entsteht der schwarze Tee in den großen Teegärten Asiens.

Einige tausend Kilometer entfernt, in Afrika, dämmert über den mit Urwald bedeckten Hängen des Berges Kamerun und über den Hochebenen von Kenia der Morgen, wenn in Ceylon die tamilischen Pflückerinnen mit ihrer Nachmittagsarbeit beginnen. Hier werden auf dieselbe Art großartige schwarze Tees angebaut. Doch hier sind es Männer, die den Tee ernten, der auf roter Erde unter hohen Eukalyptusbäumen wächst. Englische Pflanzer, die Indien nach der Unabhängigkeit verließen, haben hier ähnlich günstige Bedingungen für den Teeanbau gefunden. Man sagt, daß die Broken Orange Pekoe Fannings vom Berg Kamerun im wahrsten Sinne des Wortes den englischen Königshof erobert haben.

Die Herstellung von schwarzem Tee erfolgt in fünf aufeinanderfolgenden Arbeitsgängen. Nach dem Welken kommt das Rollen, bei dem die Blätter um sich selbst gerollt und ihre ätherischen Öle freigesetzt werden. Danach erfolgt das Absieben der feinen Blätter von den großen und das der ganzen von den gebrochenen Blättern, anschließend die Fermentation, durch die das Blatt zum schwarzen Tee wird. Dazu werden die Blätter in dünnen Schichten ausgebreitet und bei hoher Luftfeuchtigkeit einige Stunden einer gleichbleibenden Temperatur ausgesetzt. Die Teefabrikation endet mit dem Trocknen, durch das die Fermentation abgebrochen und der Tee haltbar gemacht wird. Teefermentation auf Glenloch Tea Estate in den Bergen von Ceylon (gegenüberliegende Seite).

Die Mechanisierung von drei Etappen der Teefabrikation — Rollen, Sieben, Trocknen — findet auf den Plantagen seit 1880 statt. Nach der Pflückung werden die Blätter getrocknet, dann werden Maschinen für das Rollen und Trocknen eingesetzt (oben). — Die Halle einer Teefabrik nahe der Stadt Ootacamund in Südindien (gegenüberliegende Seite).

CHINA

Wenn die Engländer Europa ihre Vorliebe für den schwarzen Tee aufgezwungen haben, den sie mit Zucker und Milch trinken, so ist der ursprüngliche grüne Tee, der in China seit fünftausend Jahren getrunken wird, das bevorzugte Getränk der überwiegenden Mehrheit der Asiaten und der Nordafrikaner geblieben. Die besten Anbaugebiete des grünen Tees befinden sich auf dem chinesischen Festland, auf Formosa und in Japan. In China ist die Erzeugung von Tee seit Urzeiten unverändert geblieben. In den Verarbeitungsstätten der Kooperativen wird der frischgepflückte Tee zuerst weniger als eine Minute in großen Röstpfannen scharf erhitzt, um die Spaltfermente in den Blättern abzutöten, die später die Qualität der Teeblätter mindern könnten. Danach werden die Blätter von Hand geknetet, in kleine Haufen geschichtet und etwa zehn Stunden lang getrocknet. Dabei werden sie in regelmäßigen Abständen gewendet, danach je nach gewünschtem Feinheitsgrad gerollt und schließlich auf Stufensieben sortiert. In Japan und auf Formosa verlaufen diese Arbeitsgänge heute maschinell. Man sortiert in folgende Feinheitsgrade: Die Blätter des Gunpowder, Grundlage der besten Tees à la menthe des Vorderen Orients und Nordafrikas, werden zu winzigen Kugeln von ein bis drei Millimeter gerollt; der Chun-Mee besteht aus um sich selbst gerollten Blättern von etwa einem Zentimeter Länge; der Sencha, auch »Natural Leaf« genannt, besteht aus ungerollten, ganzen Blättern; der Matcha schließlich ist der pulverisierte Tee, den man in Japan bei der Teezeremonie verwendet.

Kein Besucher hat jemals die geheimnisumwitterten, besten Teegärten Chinas betreten. Auch die meisten Chinesen wissen nicht, daß es sie gibt, und kennen nur die staatlichen Kooperativen, die die Standardsorten von grünem und schwarzem Tee erzeugen. Diese werden sorgfältig gemischt, damit eine stets gleichbleibende Qualität gewährleistet ist. Dennoch sind einige dieser Standardsorten großartige Tees, die hauptsächlich für den Export bestimmt sind, wie etwa der Yünnan Imperial von den Hochebenen des Südens, oder der zartblumige Keemun Imperial von den Bergen der Provinz Anhui. Weit abgelegen von den Kooperativen werden diese geheimen Teegärten Chinas, von denen, die sie kennen, die »heiligen Gärten« genannt. Ihre genaue Anzahl — es sind drei oder vier — ist nicht bekannt. Sie sollen Tag und Nacht von Hunden bewacht sein. Warum diese Geheimnistuerei? Zweifellos weil ihre grünen Tees von geringster Quantität, aber höchster Qualität ausschließlich den hohen Funktionären des Regimes vorbehalten und nicht im Handel sind.

Zwischen diesen beiden Extremen gibt es in China noch Teegärten, deren Tees man kaufen kann, wenn man es versteht, mit gewissen Stellen Verbindungen anzuknüpfen. Diese Gärten in den Bergen von Nanking und Szetschuan produzieren einige der besten, rarsten und natürlich auch teuersten Tees der Welt. Diese heißen Pi Lo Chun, »Jadespirale im Frühling«, oder Lung Ching, »Drachenbrunnen«. Aber die beiden letzteren erscheinen doch noch etwas gewöhnlich im Vergleich zu einem Tee, der fast mit Gold aufgewogen wird. Es ist kein grüner, sondern ein weißer Tee, der nicht scharf erhitzt, sondern nur getrocknet wird — ein

Der Legende nach entstand der Tee in der Trinkschale des Kaisers Chen Nung, als dieser unter einem wilden Teestrauch saß. Die Teesträucher haben China zur Wiege des Tees gemacht. In den letzten Jahren haben die Chinesen zahlreiche wilde Teesträucher von riesigen Ausmaßen in noch unerforschten Regionen im Süden des Landes entdeckt. Einer dieser Sträucher war zweiunddreißig Meter hoch und wuchs seit siebenhundert Jahren in einem Urwald von Yünnan.

Im heutigen China sind die eigentlichen Teegärten selten, und sie werden ge-
heimgehalten. Die meisten grünen und schwarzen Tees werden in großen staatlichen Kooperativen produziert und kommen als numerierte Standardtees von
garantiert gleichbleibender Qualität in den Handel. Arbeiter in einer Kooperati-
ve bei Hangzhu (Zhejiang), wo einer der berühmtesten grünen Tees, der Lung
Ching, »Drachenbrunnen«, produziert wird (oben).

wahres Wunderwerk aus der Provinz Fukien: der Yin Zhen, die »Silbernadeln«. Sein Garten ist eine jener einzigartigen Teepflanzungen auf der Welt, die sich fast alle im chinesischen Hochland befinden, wo man noch Erntemethoden pflegt, die früher für den chinesischen Kaiser und seinen Hof vorbehalten waren: die »kaiserliche Pflückung«. Dabei wird nur die Knospe und das erste Blatt gepflückt — manchmal nur die Knospe wie beim Yin Zhen. Früher durfte nichts die Reinheit der Blätter beflecken — von der Pflückung bis zum Aufguß in der Teeschale des Kaisers. Jungfräuliche Mädchen schnitten behandschuht und mit goldenen Scheren die Blattknospen und legten sie zum Trocknen in goldene Körbe. Niemand weiß, welche Vorsichtsmaßnahmen heute ergriffen werden, um das unbeschreiblich zarte Aroma der »Silbernadeln« zu bewahren, das die wenigen Kenner, die ihn kosten dürfen, an den Duft von Orchideen erinnert. Dieser Tee wird nur ein Mal im Jahr geerntet, und nur an zwei Tagen, die nach sorgfältiger Beobachtung der

Pflanzen festgelegt werden. Und man verzichtet lieber auf die Ernte, wenn es an diesen Tagen windig ist oder gar regnet.

FORMOSA

China läßt niemanden in seine geheimen Teegärten, und selbst die großen Plantagen zeigt man nur ungern einem Fremden. Meist sind sie auch nebelverhüllt oder verschwinden wie in der Provinz Nanking hinter einer Wolke von Tannenrauch, mit dem man in den Manufakturen den Lapsang Souchong aromatisiert.

Die Rauchwolke löst sich erst hundert Kilometer weiter östlich über der Meerenge von Formosa vor der Küste Taiwans auf. Auf dieser Insel erleben heute, vor aller Augen und zur großen Freude der anspruchsvollen Teeliebhaber aus Hongkong oder Singapur, die großen chinesischen Tees ihre Wiedergeburt. Es sind jetzt die reichen Kaufleute, die Bankiers und die Reeder

In der Volksrepublik China, wo feuchte Nebel die oft unzureichenden Niederschläge ersetzen und die geheimen Teegärten verhüllen, wird der Tee nach uralter Weise produziert. Hier tun die Pflückerinnen und die Arbeiter in den Manufakturen ihre Arbeit nicht anders als schon ihre Urahnen — mit der Hand. Eine Plantage auf der Insel Hainan im äußersten Südosten des Landes (oben). — Eine Pflückerin in Sechuan, einer der sechs großen teeproduzierenden Provinzen (gegenüberliegende Seite).

aus den chinesischen Häfen am Pazifik, die in Formosa die sündhaft teuren grünen Tees kaufen. Diese Tees werden von kleinen Familienbetrieben auf die gleiche Art wie im kaiserlichen China kultiviert und verarbeitet. Etwa hundert dieser Betriebe produzieren die große Spezialität der Insel, den Oolong. Es ist ein halbfermentierter Tee, der in Farbe und Aroma zwischen einem schwarzen und einem grünen Tee liegt.

Auf dieser Tour um die Welt in einem Tag durch die besten Teegärten befinden wir uns nun am Nachmittag im Norden von Formosa auf einer kleinen Bergkette. Hier wird der Ti Kuan Yin, die »Göttin«, produziert. Er ist einer der großen, halbfermentierten Tees, dem man nachsagt, daß er den Körper von allen Schlacken reinigt. Formosa wird von einem Klima begünstigt, das ideal für den Teeanbau ist: Es ist sehr feucht, mit Temperaturen, die im Sommer achtundzwanzig Grad nicht überschreiten und im Winter nicht unter dreizehn Grad fallen. Die Pflückzeit dauert acht Monate, von April bis November.

An den Wänden des schlichten Büros von Herrn Chang, einem der kleinen unabhängigen Teeproduzenten, hängen die Medaillen, die er bei den jährlichen Wettbewerben für den besten Ti Kuan Yin Formosas erhalten hat, und durch das Fenster sieht man die Pflückerinnen, die im Nebel arbeiten. Wie jedes der besten Gewächse Formosas wird auch der Ti Kuan Yin des Herrn Chang nicht auf den üblichen Exportwegen gehandelt. Er wird nicht über Makler oder über Teeauktionen an die Teeimporteure der Welt verkauft. Jeder ausländische Käufer muß, wenn er diesen Tee kaufen möchte, wenigstens das erste Mal den Produzenten besuchen. Wenn der Besucher dann Glück hat und der Wind für einige Momente die dichten Wolken vertreibt, hat er von den hochgelegenen Gärten des Ti Kuan Yin einen zauberhaften Blick über den Norden der Insel bis nach Taipei und dem noch weitere zwanzig Kilometer entfernten Meer.

JAPAN

Auf einer Reise durch die Teegärten bieten sich oft die eindrucksvollsten Panoramen dar, und man ist fasziniert von unendlichen Weiten, von geheimnisvollen Nebeln und unendlich hohen Bergen. Seit Jahrtausenden haben die Landschaften des Tees die Kontemplation und die Meditation begünstigt und die Menschen dem Himmel und den Göttern nähergebracht. Und zweifellos war es kein Zufall, daß es ein Mönch war, ein Buddhist namens Saicho aus der Sekte Tendai, der Ende des neunten Jahrhunderts unserer Zeitrechnung die ersten Teepflanzen von China nach Japan brachte. Drei oder vierhundert Jahre später war es bereits üblich, daß die Mönche des Zen eine große Schale Matcha tranken — einen vitaminreichen, pulverisierten grünen Tee —, bevor sie sich stundenlanger Meditation unterwarfen, ohne zu ermüden.

In Japan hat sich somit der Tee als Begleitmittel für geistige und geistliche Übungen verbreitet. Kein Wunder also, daß die Teegärten des Archipels genau solche Kunstwerke wie die Steingärten des Zen sind, selbst wenn sie nicht deren symbolische Dimension haben.

Der Teeanbau wurde im neunten Jahrhundert von einem buddhistischen Mönch nach Japan gebracht. Noch heute ist dort der Tee eng mit dem spirituellen Leben verbunden. Wie die Steingärten des Zen scheinen auch die wunderbaren Teegärten dieser Insel zur Meditation anzuregen. Das unbewegliche Meer eines Teegartens in der Region von Shizuoka westlich von Tokio, wo die meisten der japanischen grünen Tees angebaut werden (gegenüberliegende Seite).

Die japanischen Teegärten unterscheiden sich von allen anderen. Man mag kaum glauben, daß hier Tee wächst. Von weitem meint man, es seien weite Wasserflächen von gleichmäßigem Grün, die sich, durchfurcht von unbeweglichen Wellen, um die Hügel legen. Sie erhalten dieses Aussehen durch eine besondere Pflanzung und durch den eigentümlichen Schnitt der Teesträucher. Die Pflanzen sind nicht mit Abstand, sondern dicht an dicht gesetzt und formen kompakte Streifen von etwa dreißig Meter Länge. Ihre leicht gewölbte Oberfläche bildet einen immensen Pflücktisch. Alle Streifen haben die gleichen Ausmaße und verlaufen parallel im Abstand von etwa einem Meter. Vielleicht mit Ausnahme der terrassenförmigen Reisfelder von Java und Bali hat nie ein Bauer sein Land so harmonisch geformt. Aber man weiß ja, daß in Japan selbst das Funktionelle schön ist.

Japan erzeugt ausschließlich grünen Tee, den O-Cha. Das kann in der Gegend um den Berg Fuji sein, auf der Insel Kyushu oder in Shizuoka, dem größten Anbaugebiet Japans, wo man den gängigsten grünen Tee, den Sencha, in unendlich vielen Varietäten produziert. Im Winter setzt man hier Warmluftventilatoren ein, damit die Teesträucher den Frost überstehen.

Bei Uji, in der Nähe von Kyoto, wo Quellen

auf den smaragdgrünen Hügeln entspringen, geht der Nachmittag in Schönheit zu Ende. Im Teegarten gleiten Frauen in langen roten Schürzen langsam zwischen den unbeweglichen Wogen der Teesträucher hin und her. Sie pflücken den, wie einige meinen, besten grünen Tee dieser Erde: den Gyokuro oder den »Kostbaren Tau«. Nirgendwo sonst, vielleicht nur noch in den geheimen Gärten Chinas, kultiviert man einen Tee mit solcher Sorgfalt. Drei Wochen vor der Pflückung, sobald die erste Blattknospe erscheint, wird die gesamte Pflanzung mit Bambus- oder Schilfmatten oder auch mit dunklen Netzen abgedeckt, die 90 Prozent des Lichts wegfiltern. Die Blättchen, die sich somit im Dunkeln entwickeln, haben einen höheren Gehalt an Chlorophyll, was ihnen die smaragdgrüne Farbe verleiht, und einen niedrigeren Gehalt an Tannin, was ihren Aufguß weniger bitter macht. Dieser Schattentee ist somit der mildeste grüne Tee. Wie die kostbaren Tees in China wird auch er nur einmal im Jahr — Ende April bis Anfang Mai — geerntet, und zwar nach der »kaiserlichen« Pflückmethode: nur die Blattknospe und, falls es dessen Qualität erlaubt, noch das erste Blatt. Pulverisiert ergibt der kostbare Tee aus diesem Garten den exquisitesten Matcha für die Teezeremonie, den Matcha Uji.

In Japan wird das Fortleben von Traditionen nicht von der Technik beeinträchtigt. Die Teegärten werden im Winter zum Teil elektrisch beheizt, und man setzt Pflückmaschinen ein, ohne daß das die Qualität des Tees mindert. Maschinelle Ernte in einem Teegarten von Shizuoka (oben). — Mit Teeblättern gefüllte traditionelle Körbe (gegenüberliegende Seite). Für grünen, d. h. unfermentierten Tee, den einzigen, der in Japan erzeugt wird, werden diese Blätter mit heißem Dampf erhitzt, danach getrocknet und gerollt. Für Matcha, den Tee für die Teezeremonie, werden sie anschließend noch pulverisiert.

TEES DER WELT

Indien, Ceylon, China, Formosa, Japan, Kamerun und Kenia sind nicht die einzigen Länder mit großen Teegärten. Unter den dreiundzwanzig weiteren teeproduzierenden Ländern haben noch einige andere großartige Gewächse: Indonesien hat zum Beispiel in Java den Taloon, dessen Qualität vielleicht bald einem Rentabilitätsdenken zum Opfer fallen wird, da man zu gängigeren Tees für die Teebeutelproduktion übergeht; Sikkim, der kleine Himalaya-Staat unter indischem Protektorat hat seinen Temi, der in nichts dem besten Darjeeling nachsteht, oder auch Nepal hat seine vorzüglichen Tees von den Hängen des Mount Everest.

In den anderen Ländern, wo man einen intensiven und vollmechanisierten Anbau betreibt, gibt es keine »Teegärten«. In der ehemaligen Sowjetunion, dem viertgrößten Produzenten der Welt, sind in ausgedehnten Plantagen in Georgien, im Kaukasus und in Aserbeidschan Pflückmaschinen im Einsatz. Der so produzierte Tee mußte zwar dem gewöhnlichen Volke genügen, doch er befriedigte nicht den verwöhnten Geschmack der Nomenklatura, für die die besten Tees aus Darjeeling zu Höchstpreisen an der Teebörse in Colombo gekauft wurden. (Eine Teebörse, an der nicht gesteigert, sondern von einem hohen Ausrufpreis abgeschlagen wird. Der erste Bieter erhält das Los. Dagegen ersteigern an den beiden anderen großen

internationalen Teebörsen London und Kalkutta Dutzende von Maklern auf traditionelle Weise ihre Teelose.) Im Nahen Osten produzieren Persien und die Türkei, in Südamerika Brasilien und Argentinien, in Afrika Tansania, Malawi und Uganda Tees von mittlerer Qualität, die immer mehr für die Teebeutelherstellung verwendet werden.

Aber kehren wir noch vor dem Abend nach Darjeeling zurück. In der durch ein Dach von Zweigen geschützten Pflanzschule im Garten von Singtom oder Selimbong überwachen Gärtner das Heranwachsen der jungen Pflanzen von *Camellia sinensis,* deren Vermehrung durch Stecklinge erfolgt. Die Stecklinge wachsen zwei bis drei Jahre unter dem Schutzdach, bis sie eine Größe von etwa einem Meter zwanzig erreicht haben. Dann werden sie in den Teegarten verpflanzt.

Nicht weit davon entfernt, in einer hellerleuchteten Halle der Manufaktur, wo gerade die Maschinen zum Stillstand gekommen sind, werden auf einem langen Tisch etwa hundert weiße Porzellantassen mit einem Teeaufguß gefüllt und mit einem Deckel versehen. Sie stehen zwischen je einer leeren Schale und einem kleinen Behälter mit getrockneten Teeblättern. Ein Mann gießt den Inhalt der Tassen in die Schalen und hält dabei mit dem Deckel die Teeblätter zurück. Dann dreht er den Deckel mit den zurückbehaltenen Teeblättern um. Danach begutachtet der Teekoster des Gartens die trockenen Teeblätter und die

Bei einem Stromausfall wird in der großen internationalen Teebörse von Colombo bei Kerzenlicht eifrig weitergearbeitet.

des Aufgusses. Er prüft die Farbe des Tees in der Schale, schlürft einen Schluck und begutachtet den Geschmack. Dann spuckt er den Tee wieder aus, in einen großen Behälter, den er im Voranschreiten vor sich herschiebt, und macht sich in einer großen Kladde Notizen. Während der Ernte wird der Tee, bevor er verpackt wird, von jeder Parzelle des Gartens so verkostet und auf seine Qualität geprüft.

Bevor die besten Gewächse in den Einzelhandel gelangen, werden sie auf diese Weise noch mindestens viermal geprüft: zuerst vom Makler (oder seinem Teekoster), der Teemuster, je nach gewünschter Qualität, an den Importeur schickt; danach noch drei Male vom Importeur selbst, der größten Wert auf diese Kostproben legt, da sie die Qualität seines Tees für einen ganzen Jahresumsatz bestimmen. Das erste Mal kostet der Importeur die ihm zugeschickten Proben, um eine Auswahl treffen, einen maximalen Kaufpreis festlegen und beim Makler eine Bestellung aufge-

ben zu können; dann nach der Auktion in Colombo oder Kalkutta, bevor der Tee verschifft wird, um sicherzustellen, daß der Tee mit der ausgewählten Kostprobe übereinstimmt; und schließlich im Bestimmungshafen, um sich zu überzeugen, daß die Qualität des Tees auf dem Transport nicht gelitten hat. Es versteht sich von selbst, daß diese mehrmaligen Verkostungen nicht für die »Standardtees« aus China gelten, die von garantiert gleichbleibender Qualität sind, oder für die gängigen Tees, die in die Mischungen gehen.

Aus den Teegärten von Darjeeling sind die Pflückerinnen schon seit einigen Stunden verschwunden. Die Tee-Ernte des Vortages ist bereits in rechteckigen, mit Aluminiumfolie ausgeschlagenen Kisten verpackt. Die Sonne geht unter, und mit der Abendröte erscheinen riesige dunkle Wolken über dem Gebirge. Der Wind singt in den Blättern und stört die Ruhe nicht. Die Erde der Teegärten ist ermattet vom Tage und harrt auf den nächtlichen Regen.

Ein Tag in den Teegärten geht zu Ende. Im Probierraum einer Teefabrik in Nilgiri, Südindien, wo ein Tee ähnlich dem ceylonesischen produziert wird, mischt ein *Tea Maker* Blätter, die am Vortag geerntet wurden und jetzt aus dem Trockner kommen (oben). — Das Verpacken dieser Mischung, ein grüner Gunpowder, der die Grundlage für den im Maghreb so beliebten *Thé à la menthe* ist (gegenüberliegende Seite).

DIE TEE STUNDE

Gilles Brochard

Außer Wasser wird nichts auf der Welt so viel getrunken wie Tee. Von China bis England, von Indien bis zu den Vereinigten Staaten, von Japan bis Marokko oder Frankreich und Deutschland sind Milliarden von Menschen Teetrinker, und der Tee prägte ganze Kulturen. Wenn heute auf der ganzen Welt jeden Tag fünfhundert Millionen Tassen oder Gläser Tee getrunken werden, so liegt dieser Erfolg des Tees darin, daß er sich den Menschen auf die verschiedenste Weise angepaßt hat.

Im Gegensatz zu den Softdrinks, die als Ergebnis ungeheurer Werbekampagnen die ganze Welt überschwemmen, hat der Tee niemals eine Kultur bedroht, und er ist niemals ein Zeichen von Uniformität gewesen. Ganz einfach deshalb, weil er kein fertiges Getränk ist, das man nur aus einer Verpackung zu nehmen braucht. Der Tee verlangt Zubereitung. Diese Zubereitung ist oft langwierig, sie bietet sich für Zeremonien an, und sie läßt Spielraum für neue Varianten. Verfolgt man den Weg vom heißen *Cha* mit Yakbutter zum Eistee mit Zitrone oder vom gequirlten *Matcha* zum *Tea with Milk*, trifft man unterwegs auf hundert verschiedene Kulturen.

SEINE WIEGE STAND IN CHINA

Seit der zufälligen »Entdeckung« des Tees durch den Kaiser Chen Nung im Jahre 2737 vor Christus — ein Blatt von einem wildwachsenden Teestrauch soll in seine Trinkschale mit heißem Wasser gefallen sein — ist seine Geschichte seit mehr als dreitausend Jahren untrennbar mit der

Reklame für einen chinesischen Mandarin-Tee (wahrscheinlich eine aromatisierte Mischung), Frankreich um 1900 (oben). — Der berühmte Fotograf Bill Brandt machte in den dreißiger Jahren eine Bildreportage in England, die unter dem Titel *The English at Home* veröffentlicht wurde. Das Foto auf der gegenüberliegenden Seite stammt daraus. — Die Teepause, *Tea Break*, in einer Londoner Fabrik um 1930. Von den Arbeitgebern wurde sie in den Zeiten der Rezession erfolglos bekämpft, von den Gewerkschaften im gleichen Maße wie Lohnerhöhungen erstritten (vorhergehende Seite).

Geschichte der chinesischen Zivilisation verbunden. »Kaiser und Bauern«, schreibt John Blofeld in seinem Buch über die chinesische Teekunst, »taoistische Einsiedler und buddhistische Mönche, Mandarine und schöne Frauen, Handwerker, Dichter, Sänger, Maler, Architekten sowie Nomaden, die Pferde gegen Ziegeltee tauschten, und Staatsmänner, die mit Schalen voll Tee aufdringliche Bewerber um Stellen abspeisten — alle haben eine Rolle in der Geschichte des Tees gespielt.«

Selbst wenn im Unterschied zu Japan in China das Teetrinken nicht zum Ritus stilisiert wurde, so entstand hier trotzdem ein eigener Brauch: nämlich dem ankommenden Gast eine Schale Tee als Willkommensgruß anzubieten. Kuan Yin, der Schüler von Laotse, soll damit begonnen haben. Er soll dem greisen Philosophen eine Trinkschale des goldenen Elixiers zur Begrüßung gereicht haben. Der Tee wurde somit schon fünf Jahrhunderte vor unserer Zeitrechnung das, was er noch heute in vielen Ländern, besonders in Asien ist: ein Zeichen von Freundschaft und ein Ausdruck von Geselligkeit. Er begleitete das taoistische Denken und war daher eng verknüpft mit dem Aufschwung des Buddhismus. Man schätzte ihn bald als den für die Meditation notwendigen Energiespender.

Erst während der prunkvollen T'ang-Dynastie (618—907 n. Chr.) wurde der Tee, der in China seit Urzeiten getrunken und wegen seiner medizinischen Qualitäten geschätzt wurde, zu einem Kultobjekt und gleichzeitig zu einer Ware, mit der schwungvoller Handel getrieben wurde. Als Getränk wurde er am kaiserlichen Hof hoch geschätzt. Er fand seine Liebhaber im ganzen Reich bis hin nach Tibet und darüber hinaus bei den Nomaden im Norden und Westen jenseits der Grenzen — den Mongolen, den Turkvölkern oder Tartaren. Die Regierung verstand es, aus dieser Nachfrage Profit zu schlagen, und belegte den Teehandel mit einer Steuer. Zur gleichen Zeit schrieb der Dichter Luh Yü sein *Ch'a-king*, die erste Geschichte des Tees und gleichzeitig eine Lobeshymne auf den Tee. Im Gedenken daran wurde er von Generationen von Teehändlern als eine Art Schutzpatron verehrt. Luh Yü hatte viele Nacheiferer, von denen der bedeutendste Lo Tung, der »Teenarr«, war. Dieser taoistische Dichter wurde Ende des achten Jahrhunderts geboren und lebte zurückgezogen in Hünan, wo er einer der ersten »Teemeister« wurde. Verehrt von seinen Zeitgenossen, widmete er sich ausschließlich der Dichtkunst und der Zubereitung des Tees. Er faßte seine Lebensmaxime in einem berühmt gewordenen Vers zusammen: »Ich interessiere mich nicht für die Unsterblichkeit, sondern nur für den Geschmack des Tees.«

Von den Dichtern idealisiert und von den Teemeistern ritualisiert, wurde der Tee in der T'ang-Dynastie das unentbehrliche Getränk aller, die einen verfeinerten Geschmack hatten. Parallel dazu entwickelte sich die Töpferkunst, die immer raffiniertere Techniken entwickelte. Fein ziselierte Teekannen und Schalen aus Silber und sogar aus Gold kamen auf, bis die Teemeister ausdrücklich vom Gebrauch metallener Utensilien abrieten. Meist trank man den Tee aus großen Holzschalen. Das Wasser wurde in flaschenförmigen Gefäßen aus gebranntem Ton gekocht und der Tee wurde als Blatt-Tee verwendet, als Pulver oder

»In den chinesischen Städten findet man überall große Läden, in die man geht, um Tee zu trinken. Darin gibt es eine Anzahl viereckiger Holztische, um die Stühle und Bänke gestellt sind. Im hinteren Teil befindet sich die Teeküche ... wo auf Borden enorme Wasserkessel und schwere Teekannen stehen.« William Milne, *Alltagsleben in China*, 1850. Moderne Teekanne aus rotem Ihsing-Ton (unten). — Das Teehaus Woo Sing Ding in Shanghai, um 1900, das vielleicht als Anregung für ein englisches Porzellandekor (*Willow-tree Pattern*, das Trauerweiden-Motiv) gedient hat (gegenüberliegende Seite oben). — Ein Teehaus in Nanking um 1930 (unten).

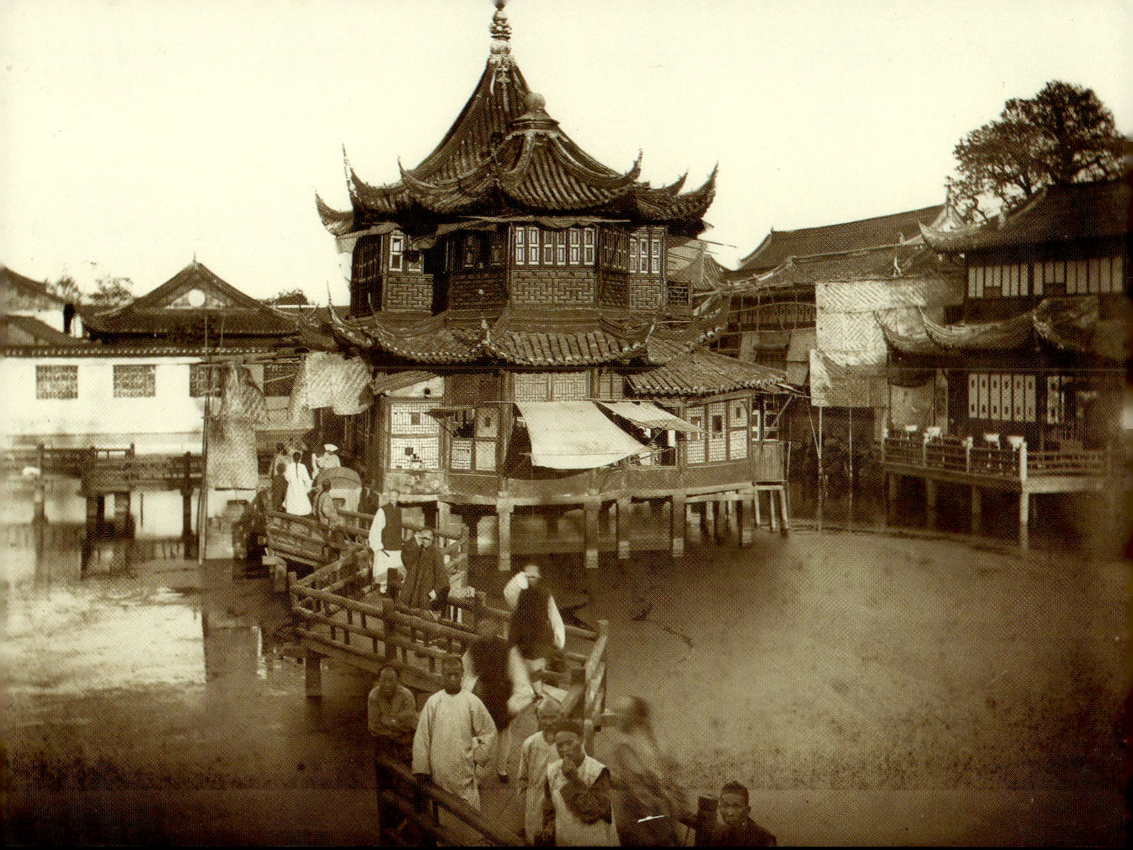

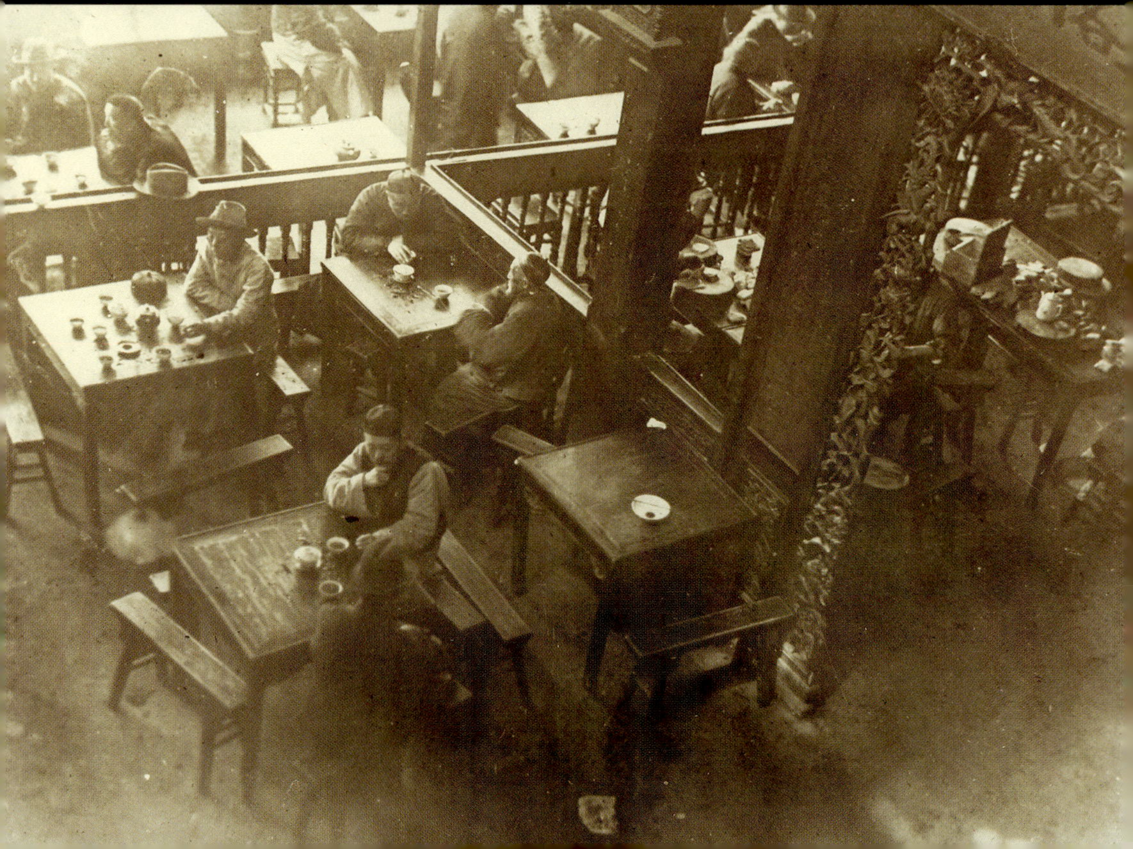

gepreßt zu Fladen oder Ziegeln. Von den wahren Kennern wurde der zu Ziegeln gepreßte Tee besonders geschätzt. Man schnitt ein mehr oder minder großes Stück ab und zerstieß es zu Pulver, bevor man daraus den Tee bereitete.

Die Kunst der Teezubereitung erreichte ihre Blütezeit seit dem zehnten Jahrhundert während der Sung-Dynastie, die für ihre kunstvollen Keramiken berühmt ist. Damit der Tee die bestmögliche Qualität erhielt, mußte sich, wer Tee zubereitete, in jeder Phase der Zubereitung um größte Perfektion bemühen. Die Beschaffenheit von Wasser und Teepflanze, aber auch die Utensilien, wie die kleine Steinmühle zum Pulverisieren der Teeblätter oder der feine Besen aus gespaltenem Bambus, mit dem das Teepulver ins Wasser gerührt wurde, gewannen für den Teeliebhaber große Bedeutung. Die tiefen Teeschalen aus Holz der T'ang-Dynastie wurden durch die *chien* ersetzt, flache, aber weite Schalen. Bald kamen, besonders bei den hohen Würdenträgern, Teewettbewerbe in Mode. Jeder hütete eifersüchtig sein Geheimnis der Teezubereitung. Man ging so weit, daß man selbst hinauf ins Gebirge ging, um sein bevorzugtes Wasser aus besonderen Quellen zu schöpfen.

Der Kaiser Hui-tsung (1101—1126) beklagte die Verschwendung von gutem Tee durch unvollkommene Zubereitung, und er förderte das Streben nach Perfektion. Er war ein Lebemann, der die Gesellschaft von Kurtisanen liebte, aber auch ein Dichter und Maler. Oft wurde ihm vorgeworfen, daß er sein Vernügen vor die Staatsgeschäfte stellte. Aber man zollte seiner Begabung für die Kunst des Teezeremoniells Beifall, und sein *Kuan ch'a lün* (Abhandlung über den Tee) wurde die Heilige Schrift der Teeliebhaber. Dieses Werk feiert das Charisma eines Getränks, das Geist und Körper von jeder Mißstimmung befreit und das einen die Welt für einen Augenblick vergessen läßt, so daß man zu vollkommener Glückseligkeit gelangt. Um dies zu erreichen, verlangte der Kai-

Der Jasmintee, der in den chinesischen Restaurants in Europa zum Essen serviert wird, ist in China nicht üblich. Denn dort wird während der Mahlzeiten kein Tee getrunken, höchstens zu besonderen Anlässen Alkohol. Aber zwischen den Mahlzeiten gibt es zu jeder Tageszeit Tee: Auf der Straße, wie eh und je bei fliegenden Händlern, im Büro aus Thermosflaschen aus emailliertem Blech. Der Teeverkäufer: heute in Kanton (oben) — und gestern in einem Dorf (gegenüberliegende Seite). — Chinesisches Gemälde aus dem 19. Jahrhundert, auf dem zu sehen ist, daß der Tee auf verschiedene Weise serviert wurde: in der Teekanne mit Teetassen rechts auf dem Tisch; links, auf dem Tablett der Dienerin, in Deckelbechern, in denen der Tee zuvor auch aufgegossen wurde (vorhergehende Doppelseite).

ser einen Tee von besonderer Reinheit. Die »kaiserliche Pflückung« war nur ihm allein vorbehalten und wurde strengen Regeln unterworfen. Jungfräuliche Mädchen in Handschuhen schnitten mit goldenen Scheren nur die Knospen und das jüngste Blatt für den Kaiser. Danach wurde der Tee auf goldenen Platten getrocknet, bevor er in die Teeschale des Kaisers gestreut wurde.

Nicht alle Chinesen durften allerdings nach so vollkommenem Genuß streben. In Hang-Tschou, der Hauptstadt der Sung in Südchina, trafen sich die hohen Würdenträger in eleganten Teehäusern, die für ihren Luxus berühmt waren. Sie waren prachtvoll mit Blumen und Kalligraphien ausgestattet. Es gab dort exzellenten Pflaumenblütenschnaps sowie köstliche Leckereien. Selbst Musikunterricht konnte man dort nehmen. Die weniger Begüterten versorgten sich gewöhnlich bei fliegenden Händlern. Aber auch sie konnten sich in volkstümliche Teehäuser begeben. Diese behagten allerdings Marco Polo nicht, denn leichtlebige Sängerinnen sorgten dort für das Wohl der Gäste.

Nach einer langen Periode von Unruhen durch den Einfall der Mongolen und durch die Revolten gegen die von den Eindringlingen erzwungenen Steuerabgaben (von denen auch der Tee betroffen war) fand China mit der Ming-Dynastie, die 1368 in Nanking gegründet wurde, allmählich wieder zur Stabilität zurück. Die Teeproduktion stieg an, und die Bräuche wandelten sich. Der Wasserkessel verdrängte die Teeflasche. Da man nicht mehr »nach Art eines durstigen Büffels« trank, ersetzten jetzt winzige Porzellantäßchen die derben Holzschalen. Von nun an war die Teekanne das wichtigste Utensil bei der Teebereitung, denn der Tee wurde nicht mehr gekocht oder gequirlt, sondern nur aufgebrüht.

Dieser typisch chinesische Brauch, den Tee aufzubrühen, wurde bald jenseits der Meere aufgegriffen. Zu Beginn des siebzehnten Jahrhunderts brachten Schiffe der holländischen Ostindischen Compagnie den Tee und das chinesische Porzellan nach Europa. Zur gleichen Zeit verbreitete sich die Verwendung des Tees in Blattform auch in Japan und Korea, wo man bislang nur zu Pulver gestoßene Teeblätter benutzte. In Korea, wo die Kunst der Teezubereitung seit dem achten Jahrhundert ebenso hoch entwickelt war wie in China, begann man, dem Teeaufguß eine Prise Ginseng beizufügen.

Im Lauf der Jahrhunderte wurde in China der Tee zu einem Nahrungsmittel des täglichen Bedarfs, so wie Reis, Salz oder Essig. Bis in die fünfziger Jahre dieses Jahrhunderts stillten alle Schichten der Bevölkerung tagsüber ihren Durst mit Tee — zu Hause, in den Teehäusern oder bei der Arbeit. Zu Hause blieb der Brauch bestehen, selbst unvorhergesehenen Gästen Tee anzubieten. Der Tee wurde in großen Teekannen serviert, die in wattierten Körben warmgehalten wurden. Oft bekam man auch in den Geschäften Tee angeboten, und in Hotelzimmern stand er häufig für den Gast bereit. In den Städten, von Peking bis Kanton, wurden die Teehäuser bereits im Morgengrauen für alle geöffnet, die eine Stunde vor Sonnenaufgang, wenn die Lebenskraft noch ungetrübt ist, ihre Vögel in kleinen Käfigen spazieren trugen. Später kamen die Handwerker, ihre Lehrlinge und die Arbeiter. In den Teeanbaugebieten

Modernes Teeservice aus Ihsing-Ton für den Tee »gongfu«, einer besonderen Art der Teezubereitung, die ausschließlich den großen halbfermentierten Tees vorbehalten ist. Die Schüsseln, in denen die Tee-Utensilien stehen, dienen gleichzeitig als Behälter für das Wasser, mit dem die Tassen und die Kanne ausgeschwenkt und mit dem die Teeblätter vor dem eigentlichen Aufbrühen in der Kanne gespült werden. — Straßenszene. Hier wird deutlich, wie man aus einer Deckeltasse trinkt. Für Einzelportionen sind diese Deckeltassen ungemein praktisch (gegenüberliegende Seite).

trafen sich die Dorfbewohner in den Teehäusern. Hier gab es den besten Tee überhaupt, da die Teehäuser inmitten der Teegärten und in der Nähe der Gebirgsquellen lagen.

John Blofeld, der dreißig Jahre in China gelebt hat, beschreibt ein Picknick in den Hügeln nördlich von Tschungking unmittelbar nach dem Zweiten Weltkrieg, zu dem er von Studenten eingeladen wurde. Der Tee wurde auf einem kleinen Ofen zubereitet, dessen Glut mit einem trockenen Bananenblatt statt des sonst gebräuchlichen Fächers entfacht wurde. Jeder der Eingeladenen trank zuerst vier Schalen grünen Tee. Danach begann ein ungewöhnliches Spiel, an dem John Blofeld mit allen anderen teilnehmen mußte. Man mußte zu einem vorgegebenen Thema ein Stegreifgedicht verfassen: über die Quelle. Vom »echten Geist des Tees« ergriffen, brachte er einige Zeilen auf Englisch über dieses Thema zustande. Sein Gedicht hielt der Kritik stand, und er hatte sein Gesicht gewahrt.

Wenn auch das Teetrinken im häuslichen Kreis heute wie eh und je gebräuchlich ist, so sind nach der Kulturrevolution die meisten Teehäuser und das Teetrinken in der Öffentlichkeit sowie die traditionellen Festlichkeiten praktisch verschwunden. Die Kunst des Teetrinkens und die kleine Ruhepause, die das Trinken einer Schale Tee verschaffte, wurden als »unproduktiver Müßiggang« angeprangert und gewissermaßen verboten. Nichtsdestoweniger hat China eine massive Exportpolitik betrieben und, wie es scheint, auch die »heiligen Gärten« weitergeführt, kleine Plantagen, auf denen insgeheim die »kaiserliche Pflückung« stattfand, damit die höchsten Repräsentanten des Regimes mit den besten grünen und weißen Tees der Welt versorgt waren.

Seit einigen Jahren werden die Teehäuser allmählich wiedereröffnet, so das Teehaus »Zur roten Laterne« in Tschengtu, wo die Märchenerzähler wieder an den alten feudalen Traditionen anknüpfen.

Bei der mohammedanischen Bevölkerung von Kashi, der wichtigsten städtischen Ansiedlung im Westen Chinas, hat die Teetradition keinerlei Beziehung zu chinesischen Teebräuchen mehr, sondern gleicht schon den Gewohnheiten, die man entlang der Seitenstraße beobachtet. Wenn in Kashi die Männer nach dem Freitagsgebet die Moschee Id Kah verlassen, bringen ihnen die Frauen feierlich Brot und Tee (oben). — Das berühmte Teehaus Xu Xing Ting und der »Garten des Mandarin« in Shanghai sowie das Teehaus Loc Koc in Macao (gegenüberliegende Seite).

DER TEE-WEG

»Könnt Ihr mir erklären, was man alles bei einer Tee-Zusammenkunft bedenken und beachten muß?« fragte einst ein Zen-Schüler den großen Tee-Meister Rikyu. Dieser gab zur Antwort: »Bereite eine Schale köstlichen Tee; lege Holzkohle zurecht, um das Wasser damit zu erhitzen; ordne die Blumen so an, wie sie auf dem Felde wachsen; sorge für Kühle im Sommer und im Winter für Wärme; komme mit allem der Zeit zuvor; mache dich auch auf Regen gefaßt; erweise deinen Gästen die größte Ehrerbietung.«

Mit wenigen Worten ist alles gesagt. Wer im sechzehnten Jahrhundert die noch immer gültigen, hochgeschätzten und getreulich befolgten Regeln für die Teezeremonie, das *Cha-no-yu* (wörtlich: das heiße Wasser des Tees) aufgestellt hat, fügte seinen Vorschriften hinzu: »Die Teezeremonie besteht nur darin, daß man das Wasser erhitzt, den Tee bereitet und ihn mit Anstand trinkt. Das ist alles, was man wissen muß.«

Die Poesie des mystischen Japan ist in dem »Tee-Weg« durch die Zeremonie verkörpert, die in einem eigens dafür bestimmten Teeraum, einer Hütte, der »Stätte des Leerseins«, stattfindet. Wie der Schriftsteller Okakura Kakuzo in seinem 1906 erschienenen Buch vom Tee schreibt, weiß jeder Eingeweihte, daß diese Zeremonie eine »Idealisierung des Trinkens, eine Religion der Lebenskunst« ist. Der Eingeweihte soll sich andächtig einem Ritual unterziehen, das im sechzehnten Jahrhundert festgelegt und ursprünglich von chinesischen buddhistischen Mönchen angeregt wurde. Der für die Zeremonie verwendete Tee ist ein Matcha oder »Jadeschaum«, ein grüner Pulvertee. Er wird nicht mit Wasser aufgegossen, sondern mit einer kleinen Bambusrute, dem *Chasen,* in einer Schale mit heißem Wasser gequirlt.

»Eine Tee-Zusammenkunft«, schreibt Yasunari Kawabata, »ist eine Übereinstimmung der Gefühle, wenn sich gute Freunde zusammenfinden zum günstigen Zeitpunkt und unter günstigen Umständen.« Dieses Zusammentreffen ist einfach, aber es verläuft bis ins kleinste Detail nach festgelegten Regeln. Bevor die Eingeladenen die »Stätte der Phantasie« oder die »Stätte des Leerseins« betreten, müssen sie auf einem gepflasterten Pfad, dem *Koji* (»die vom Tau benetzte Erde«), einen Garten durchqueren. Sie gehen schweigend, um den Lärm der Welt hinter sich zu lassen. Die Bäume, die Moospolster und der Gesang der Vögel bereiten sie auf die Konzentration vor. Die Harmonie mit der Natur ist eine unerläßliche Vorbedingung für die Teezeremonie. Man vertieft diese Harmonie durch ein Verweilen in einem Vorraum, wo einige Blumen in einer Bambusvase angeordnet sind. Nachdem der Gastgeber seine Freunde schweigend begrüßt hat, lädt er sie manchmal ein, sich vor dem Betreten des Teehauses den Mund auszuspülen und die Hände zu waschen als Gesten einer rituellen Reinigung.

Der Hauptraum, in dem die Eingeladenen sich niederlassen, ist mit einer Kalligraphie oder einem Bild geschmückt, dessen Thematik auf den Anlaß des Tages oder auf die Jahreszeit abgestimmt ist. Der Gastgeber tritt durch eine Schiebetür ein und reicht jedem der auf den Boden sitzenden Gäste eine leichte Mahlzeit, das *Kaiseki,* die Quintessenz der japanischen Küche. Jedes Ge-

»Beim Aufleuchten der ersten Sterne in der Dämmerung kommen die Damen mit graziösen Verbeugungen … In ihrer Runde … kreisen gewürzte kandierte Früchte. Dann erscheinen die Tassen aus hauchzartem Porzellan, winzig wie Eierschalenhälften, in denen ihnen Tropfen eines ungesüßten Tees serviert werden, aus Kännchen wie für Puppen.« Pierre Loti, *Madame Chrysanthème.* Zwei Farbholzschnitte aus einer Folge über die Teezeremonie von Toshikata aus dem Jahre 1905: Bereitstellen der Utensilien (oben); Verabschiedung der Gäste (unten).

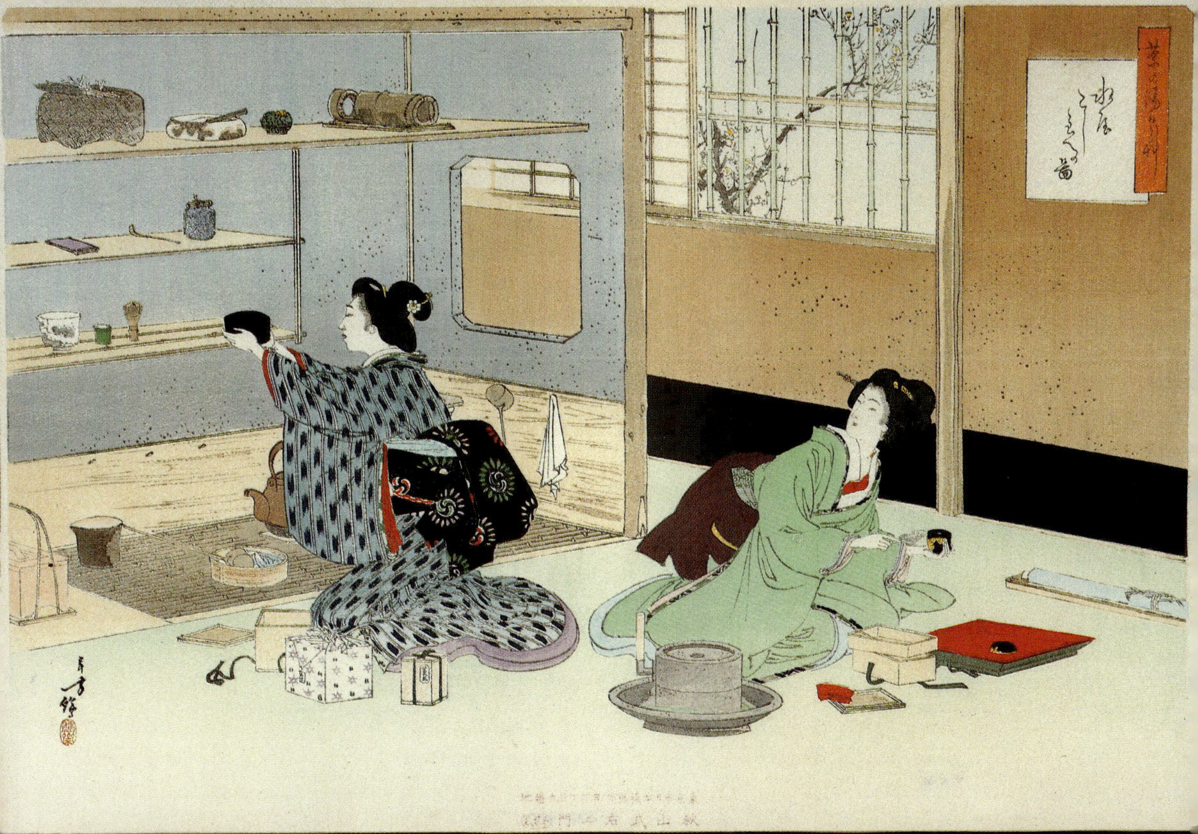

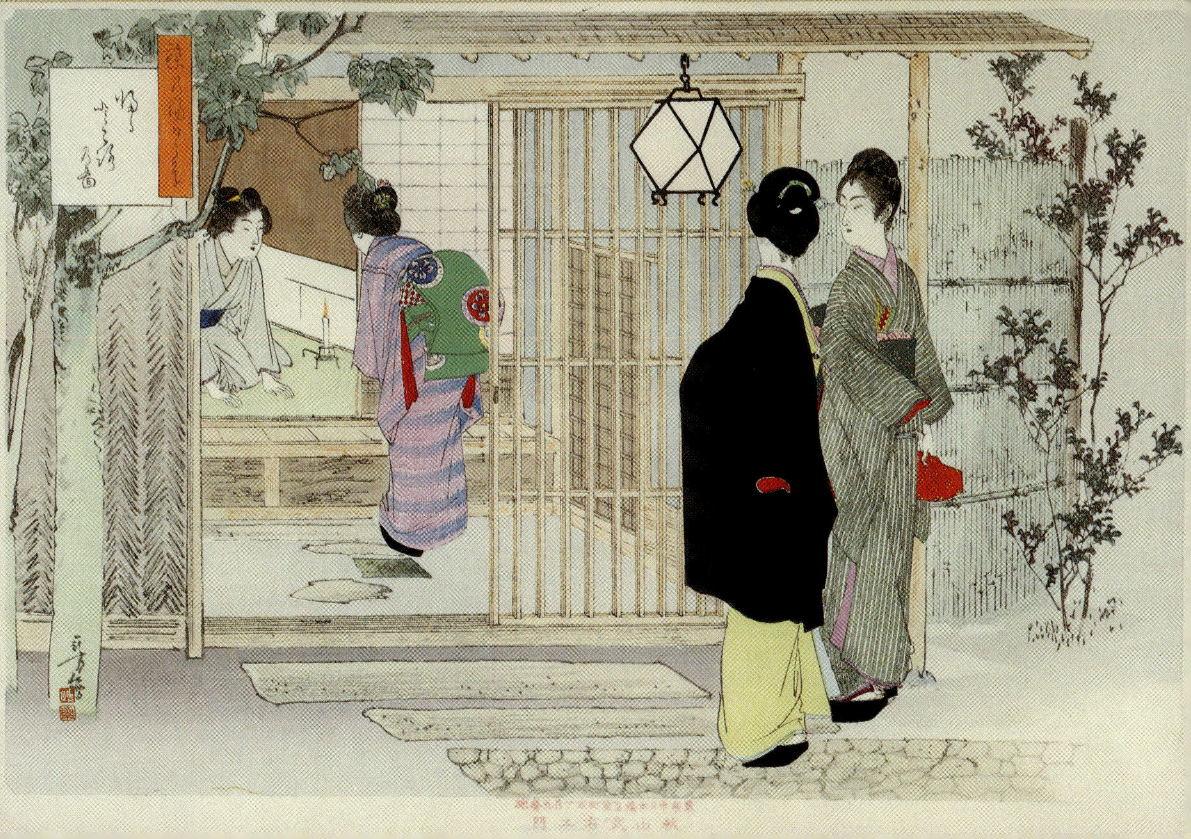

richt, das auf Tellern und Platten von raffinierter Einfachheit serviert wird, stammt entweder aus den Bergen oder von den Feldern, aus den Flüssen oder aus dem Meer. Die Gäste benutzen frisch geschnittene Stäbchen aus grünem Bambus zum Essen. »Es geziemt sich«, so schreibt Soshitsu Sen, »daß man die Nahrung auf dreierlei Art genießt: mit den Augen, mit der Zunge und mit dem Herzen.« Am Ende der Mahlzeit bietet der Gastgeber jedem seiner Gäste einen in Sirup getränkten Kuchen an oder zierliche Süßigkeiten aus Bohnenpaste, die *Namagashi*. Anschließend gehen die Gäste in den Garten hinaus, um sich zu erfrischen. Danach kommen sie zurück, um den Tee einzunehmen.

Der Gastgeber handhabt die Teegeräte mit höchster Sorgfalt: das Gefäß mit dem Matcha, den Löffel, mit dem der Tee entnommen wird, den *Chasen*, mit dem das jadegrüne Teepulver in die Schale mit heißem Wasser gerührt wird. Das Wasser wird in einem Eisenkessel erhitzt, der auf einem kleinen Holzkohleofen in einer Bodenmulde steht. Die Tradition verlangt, daß alle Eingeladenen aus derselben Schale trinken und daß jeder wartet, bis er an der Reihe ist. Der Gastgeber trinkt nicht mit. Er bereitet geduldig frischen Tee zu und verneigt sich vor jedem Gast, der mit ausgestreckten Händen die Teeschale in Empfang nimmt. Beim Trinken hält der Gast die Schale mit beiden Händen und dreht dabei das Motiv, mit dem die Schale

verziert ist, seinem Gastgeber zu. Die Teeschale macht dreimal die Runde. Danach wird das Teegerät in einem kleinen Vorraum, in dem zuvor auch das Mahl angerichtet wurde, sorgfältig gespült und weggestellt. Anschließend kehrt der Gastgeber zu seinen Gästen zurück und bietet ihnen Kuchen an sowie in einer anderen Schale einen Tee, der nicht so stark wie der erste ist. Schweigend wird die Zeremonie beendet. Man betrachtet das Feuer und den Schmuck des Raumes. Der Gastgeber begleitet seine Gäste bis zur Türschwelle. Dann räumt er die Tee-Utensilien und Blumen fort und sorgt dafür, daß der Raum in Ordnung gebracht wird.

»Für einen uneingeweihten Beobachter scheint sich nichts Außergewöhnliches ereignet zu haben«, schreibt Soshitsu Sen. »Jedoch der Gastgeber und seine Gäste sehen in diesem Erlebnis einen Mikrokosmos des Lebens.« Daher erfordert die Ausübung der Teezeremonie eine lange Unterweisung. Die japanischen Kinder erhalten außerhalb der Schule Unterricht darin. Eine langjährige Lehrzeit ist erforderlich, wenn man es darin bis zum Lehrer bringen will. Frauen dürfen — ob sie aus einem dem Teekult verbundenen Milieu kommen oder nicht — die Teezeremonie erst seit Beginn dieses Jahrhunderts mit Zustimmung eines großen Tee-Meisters ausüben.

Die Teezeremonie besteht noch heute fort, aber, wie man sich vorstellen kann, nur unter

Die Fotografien von Felice Beato aus dem Jahr 1860 zeigen die Gebräuche der japanischen Gesellschaft kurz vor der Industrialisierung und der Berührung mit der westlichen Zivilisation. Die Verwendung von Farbe (die Abzüge wurden handkoloriert nach einem japanischen, den Europäern damals unbekannten Verfahren) verleiht den Alltagsszenen, in denen der Tee überall präsent ist, einen eigenen Reiz. Rast in der Herberge (oben). — Frau bei der Toilette und Teeverkäufer (gegenüberliegende Seite).

Die Urasenke-Stiftung aus Kyoto ist die berühmteste der drei japanischen Teeschulen. Auf dem Gelände dieser Stiftung befindet sich dieses Tor und der *roji*, der Pfad aus Kieselsteinen und Kiefernnadeln, der zum »Teezimmer« führt (oben). — Das Haus des Teemeisters und einer der Räume, in denen man den »Tee-Weg« lehrt (gegenüberliegende Seite).

den Schwierigkeiten, die das moderne Japan mit sich bringt. Denn sie läßt sich nur realisieren im Inneren eines eigens dafür errichteten Teehauses, das mit besonders ausgewählten Materialien in genau festgelegten Ausmaßen gebaut und von einem Garten umgeben ist.

Trotzdem kann auch eine japanische Hausfrau eine Teezeremonie abhalten, wenn sie einen entsprechenden Raum dafür hat. Sie wählt dazu einen besonderen Anlaß, zu dem sie drei oder vier Wochen vorher ihre Gäste schriftlich einlädt. Das kann die Ankunft einer Freundin sein oder der Beginn der Pflaumenblüte oder eine schöne Vollmondnacht, in der man sich trifft, um den Mond zu bewundern.

Öffentliche Teehäuser hatten in Japan ihre Glanzzeit im siebzehnten Jahrhundert. Sie waren jedoch keine Orte der Stille, sondern Orte des lärmenden Vergnügens, wo man Feste mit Musik feierte. Dort gab es auch manchmal Zimmer, wo man die Nacht verbringen konnte.

Heute ist durch den Einfluß des Westens oder vielmehr durch die Amerikanisierung der Teekonsum in Japan zugunsten anderer Getränke zurückgegangen. Man trinkt Tee in der Früh, um einen guten Start für den Tag zu haben, und vor oder nach dem Essen, um die Verdauung anzuregen. Die spirituelle Komponente ist indessen verlorengegangen, und der Genuß des grünen Tees ist zu etwas Alltäglichem verflacht.

Seit etwa einem Jahrzehnt neigen die Japaner dazu, den grünen Blattee durch halbfermentierte Tees und, nach einer Zeit der Eingewöhnung, jetzt auch durch schwarzen Tee und durch Teebeutel zu ersetzen. Die neueste Mode scheinen aromatisierte Tees zu sein — wie etwa Tees mit Apfelaroma — die meist aus Frankreich importiert werden und daher von den Japanern »französischer Tee« genannt werden. Die wahren Teeliebhaber hoffen, daß besonders die jungen Japaner über diesen Umweg wieder zum rechten »Tee-Weg« zurückfinden. Denn der Tee ist auch der modernen Kultur Japans noch immer verhaftet, wie in den Werken moderner japanischer Schriftsteller und Künstler deutlich wird. Japan ist außerdem das einzige Land, in dem jährlich eine »Miss Tee« gewählt wird, deren Aufgabe es ist, für die neue Tee-Ernte zu werben.

Rikyu, der große Tee-Meister, wurde verdächtigt, seinen Herrn verraten zu haben. Er mußte sich deshalb den Tod geben. Vorher aber veranstaltete er eine letzte Teezeremonie, bei deren Ende er seine Teeschale mit den Worten zerbrach: »Niemals wieder soll diese von den Lippen des Unglücks befleckte Schale von einem anderen Menschen benutzt werden!« Utensilien für die Teezeremonie, unter anderem der Wasserkessel und die Schöpfkelle (oben). Ein Handwerker, der die kleine Bambusrute schnitzt, mit der man die Mischung aus Wasser und grünem Teepulver (Matcha) schlägt (gegenüberliegende Seite). — In letzter Zeit werden in Japan Unterweisungen in der Teezeremonie für Männer veranstaltet, damit diese sich nach einem anstrengenden Arbeitstag entspannen können. Japanische Teezeremonie (folgende Doppelseite).

DER TEE IN TIBET UND IN INDIEN

Auf den Hochweiden des Himalaya wird dem Reisenden nicht selten ein gesalzener Tee mit Ziegenmilch von den Hirten angeboten, die vom Frühling an dort oben in Hütten wohnen. Das ist auch bei den Tibetern üblich, die allerdings Yakbutter anstelle von Ziegenmilch zufügen. Zu diesem gesalzenen grünen Tee wird *Tsampa* gegessen, ein Brei aus gerösteter Gerste, der zu kleinen runden Kuchen geformt ist.

In seinen Reiseerinnerungen — *Souvenirs d'un voyage dans la Tartarie, le Tibet et la Chine* — beschreibt Mitte des neunzehnten Jahrhunderts der Abbé Huc die Zeremonien, die bei Opfergaben von Tee in den Lamaklöstern stattfanden. Er beobachtete zwei verschiedene Teeopfer: die kleine Teegabe, die nur für eine kleinere Gruppe von Lamas gestiftet, und den »Gemeinschaftstee«, der für ganze Klostergemeinschaften veranstaltet wurde. An hohen Festtagen konnten daran über viertausend Menschen teilnehmen. Das kostete den großzügigen Spender ein Vermögen. »An dem Tag, der für den Gemeinschaftstee festgesetzt war, gingen etwa vierzig junge *Chabis,* die durch das Los bestimmt wurden, in die große Klosterküche. Wenig später kamen sie mit großen Tonkrügen voller Milchtee zurück. Sie schritten durch die Reihen, und sobald sie sich näherten, zogen die Lamas ihre hölzernen Näpfe aus dem Gewand; sie wurden ihnen dann bis zum Rand gefüllt. Die Lamas tranken schweigend und hielten dabei sorgfältig einen Zipfel ihres Gewandes vor die Trinkschale, um mit dieser Geste der Scham die Unschicklichkeit der materiellen Handlung zu verdecken, die so wenig diesem heiligen Orte angemessen war. Am Ende der Festmahls verkündigte der Abt feierlich den Namen des frommen Pilgers, der sich ein großes Verdienst erworben hatte, da er die heilige Gemeinschaft der Lamas bewirtet hatte.«

Als Alexandra David-Neel das erste Mal indischen Boden betrat, erinnert sie sich, daß sich »in der Nähe des Hafens ein Pavillon befand, wo man ausgezeichneten Tee mit Toast, Kuchen und anderen Produkten der englischen Kochkunst bekam« (*L'Inde ou j'ai vécu*). Das englische Teeritual hat man in Indien übernommen und mit eigenen Gebräuchen verknüpft. Auch tibetanische Praktiken, wie das Aufgießen des Tees mit Milch statt Wasser, werden angewandt. Indische Soldaten an der pakistanischen Grenze bei Tee und Samossas, den gefüllten Teigtaschen (oben). — Eine Bäuerin in Kaschmir trinkt bei der Feldarbeit ihren Tee, der mit zerstoßenen Mandeln und Kardamom gewürzt ist (gegenüberliegende Seite).

Den Tee als Gegenstand einer frommen Opfergabe gibt es allein in Tibet. Hier gehört er jedoch genauso wie in China seit eh und je zu den unerläßlichen Riten der Gastfreundschaft. Der Gast wird gewöhnlich in dem Raum mit der Feuerstelle, dem Mittelpunkt des häuslichen Lebens, empfangen. Man bittet ihn vor einen niedrigen Tisch. Darauf steht eine Trinkschale, eine Dose mit *Tsampa* und manchmal eine Art kleines Butterfaß, in dem Yakbutter mit gesalzenem Tee vermischt wird. Um ein schlechtes Omen abzuwenden, muß die leere Schale stets bis zum Rand gefüllt werden.

Ein Jahrtausend trennen die ersten Teepflanzungen in Indien, die von englischen Kolonisten angelegt wurden, von der Einführung des chinesischen Tees in Tibet, die bereits im neunten Jahrhundert erfolgte. Das Klima in Indien ist vor allem im Norden, auf den Ausläufern des Himalaya, für den Anbau des Teestrauches, der in Assam bereits wild wächst, besonders günstig. Indischer Tee, der im übrigen aus Assam kam — wurde erstmals 1839 in London verkauft. Es war ein Tee, der unter den schwierigsten Bedingungen angebaut wurde.

Das hinderte die Kolonisten des britischen Empire jedoch nicht daran, in den Kolonien englischer als in England zu sein und die *Tea Time* strikt einzuhalten. Auf den glühendheißen Veranden ihrer großen, dem Dschungel abgerungenen Pflanzungen, Tropenhelm und Stock auf dem Tisch, ließen sich die Pflanzer von den Hausboys Luft zufächeln und nach heimischem Ritual den Tee servieren samt englischen Kuchen und pikant belegten Sandwiches.

Heute ist Indien das größte teeproduzierende und nach Ceylon das zweitgrößte tee-exportierende Land der Welt und eines der Länder, in denen am meisten Tee getrunken wird. Tee wird besonders in Nordindien geschätzt, während man im Süden Kaffee bevorzugt. In den Städten des Nordens säumen lange Reihen von winzigen Verkaufsständen die Straßen, in denen die Teeverkäufer, die *tchayvalas,* ihre auf kleinen Bänken sitzenden Kunden bedienen. Der mit großer Sorgfalt zubereitete *tchai* wird unablässig in einer Art von Samowar warmgehalten. Er wird gewöhnlich sehr stark, sehr süß und mit viel Milch getrunken. Ein Glas kostet nur wenige Rupien. Eilige Kunden gießen gewöhnlich etwas Tee in die Untertasse, um ihn abzukühlen, bevor sie ihn trinken. Im äußersten Norden und im Pandschab wird der Tee mit kochender Milch und starken Gewürzen vermischt getrunken.

Wer in Indien gereist ist, besonders in der Monsunzeit, wenn man von der schwülheißen Luft förmlich ausgetrocknet wird, weiß zu schätzen, daß in den Zügen und in den Bahnhöfen der Ausschank von Tee zur festen Institution geworden ist. Er wird dort in großen Teekesseln kochend heiß gehalten und in kleinen Tonschalen serviert, die man nach dem Gebrauch einfach zerbricht. So hat der Reisende die Gewißheit, daß kein Angehöriger einer niederen Kaste aus dem gleichen Gefäß wie er selbst getrunken hat. In den großen Bahnhöfen, die in Indien Tag und Nacht wie kleine belebte Städte sind, wurden die ehemaligen *Retiring Rooms* in preiswerte Ruheräume umgewandelt. Wenn man dort übernachtet, kommt morgens gegen sechs Uhr ein weißgekleideter

»Der Tee ist das Getränk zeremonienliebender Völker. Er gehört zum Monsun mit seinen Regendünsten ... Er beruhigt und regt gleichzeitig an. Er fordert zum lebhaften Gespräch und gleichzeitig zur Stille auf. In seiner klaren Flüssigkeit entstehen langsam Ideen und Traditionen.« Pascal Bruckner, *Parias.* — Teekanne auf einem Rechaud samt Gewürzen für einen Gewürztee, wie man ihn in Nordindien liebt.

Bursche, klopft kräftig an die Tür und verkündet mit lauter Stimme: »Morning tea! Morning tea!« In diesem riesigen Land mit seinen wechselnden Szenerien ist der Tee somit eng mit dem Reisen verknüpft, mit langen Wegen, auf denen man Landschaften und Klimazonen wechseln sieht. In den Ausläufern des Himalaya tröstet der Tee den Reisenden über die Kälte hinweg, und er durchwärmt ihn bei der Ankunft.

»In meiner Einsamkeit, die durch nichts gestört ist«, schreibt P. Brunton in *Allein am Himalaya,* »auf den Höhen des Himalaya habe ich erfahren, welch ein großer Genuß eine Tasse Tee sein kann. Wenn ich in der Abenddämmerung heimkomme, durchwärmt mich sanft der Tee, während die Nacht mit ihren Schatten meine Hütte umhüllt.

Wie oft hat eine einfache Tasse Tee genügt, mit jemandem Bekanntschaft zu schließen und Bande der Freundschaft zu knüpfen, die ein ganzes Leben lang halten sollten.«

BIS ZU DEN UFERN DES MITTELMEERS

Vor der Entdeckung des Seeweges, der vom sechzehnten Jahrhundert an Europa mit Asien verbinden sollte, verbreitete sich die Vorliebe für den Tee westwärts auf den Karawanenwegen. Afghanistan, wo sich die wichtigsten Handelswege — darunter die berühmte Seidenstraße — kreuzten, entdeckte wahrscheinlich sehr bald den Tee.

»Wieder sitze ich in einem komfortablen Abteil der ersten Klasse. Das ist der sechste Zug, den ich benutzte, seitdem ich in Indien bin … Wenn ich nachts abfahre, erwartet mich ein Bahnangestellter auf dem Bahnsteig und bringt mich zu meinem reservierten Abteil. Morgens habe ich kaum die Augen geöffnet, da wird mir der Tchota-Khazri serviert, das ist Tee mit einem Keks und einer Banane als eine Art Vorspeise zum Frühstück.« Ferdinand Goetel, *Voyage aux Indes,* 1937. Ein Teeverkäufer während der Monsun-Überschwemmung in Porbandar (oben). — Das Servieren des Tees als Balanceakt in einem indischen Zug. Die Verbindungstüren zwischen dem Speisewagen und der ersten Klasse sind verschlossen, damit die Passagiere der anderen Klassen nicht die in der ersten belästigen können (gegenüberliegende Seite).

Heute ist er das Nationalgetränk der Afghanen. Hingehockt oder im Schneidersitz am Boden trinken sie ihn hier zu Hause oder in den Teehäusern, den *tchaïkhana*. Diese können sich auch unter freiem Himmel befinden. Handwerker und Pilger, Kameltreiber und Lastwagenfahrer finden sich hier ein, um grünen Tee (*tchaï sabz*) gegen den Durst oder schwarzen Tee (*tchaï siyah*) zu trinken, der eher zum Aufwärmen dient. Man trinkt ihn gern mit viel Zucker, der ein Zeichen des Reichtums ist. Aber auch Straßenhändler mit Samowars, kleinen Öfen und schönen Teekännchen, die auf Holzbrettern aufgereiht stehen, bieten den Reisenden an den Straßen, manchmal im

Auf dem Karawanenweg nach Westen hat sich der Geschmack des Tees den Gebräuchen der verschiedenen Völker angepaßt. In Vorderasien haben diese jedoch einiges gemeinsam. So findet man den Samowar, der im 18. Jahrhundert in den Schmieden des Ural entstanden und untrennbar mit dem russischen Tee verbunden ist, sowohl bei den Iranern wie bei den Afghanen. Persische Damen um einen Samowar, Persien 19. Jahrhundert (oben). — Tee-Ausschank, Afghanistan, Ende 19. Jahrhundert (gegenüberliegende Seite).

Schatten großer Zelte aus Yakfellen, heißen Tee feil.

Die *tchaïkhana* sind sehr beliebt, und es geht hier oft lustig her. Man hört hier nicht selten Sänger und Musiker. Man kommt hier zusammen, um zu diskutieren, die neuesten Dorfnachrichten auszutauschen oder um sich nach der Arbeit mit Freunden die Zeit zu vertreiben. Die Besucher ziehen die Schuhe aus, bevor sie sich auf Strohmatten oder buntfarbige Teppiche setzen. An den Wänden hängen eingerahmte persische Schriftzeichen neben Blumenmalereien, die die Motive wieder aufnehmen, mit denen die Fassaden des Teehauses geschmückt sind. Sie veranschaulichen den Frühling und die Fruchtbarkeit der Erde. Die runden Teekannen sind aus Risner-Porzellan und aus der ehemaligen Sowjetunion importiert. Aber seit dem Russisch-Afghanischen Krieg, der die Importe unterbrochen hat, sind kleine Gewerbebetriebe entstanden, in denen das russische Porzellan mit den blauen Deckeln, den roten oder blauen Streifen und den Blumenmustern sorgfältig imitiert wird.

»Wir saßen auf einer Matte und tranken Tee aus Porzellanschalen«, erzählt Ella Maillart in *La Voie cruelle,* »und wir bewunderten das Gebirge, in das wir hinaufziehen sollten, und die gelben Felder, die das Dorf umgaben … Hinter uns glänzten sanft die runden Teekannen auf einem dunklen Wandbrett, während ein Bursche die Holzkohle seines Samowars anfachte.«

Der Tee der Karawanen näherte sich allmählich den Ufern des Mittelmeers. Er breitete sich über das ganze Osmanische Reich bis nach Ägypten aus, bevor er Westeuropa erreichte. Heute, man möchte es nicht glauben, wird in der Türkei mehr Tee als Kaffee getrunken. Man baut hier in geringen Mengen Tee an und exportiert ihn sogar. Pierre Loti entdeckte die Freuden eines Tees *à la turque* im geschäftigen Istanbul: In den Häusern steht der Tee ständig auf dem Herd. Man verlängert ihn mit heißem Wasser, wenn man ihn serviert. Dieser Brauch ist so eng mit dem häuslichen Leben verknüpft, daß Mütter, bevor sie ihre Söhne verheiraten, sich erst einmal davon überzeugen, ob die zukünftige Schwiegertochter auch guten Tee zubereiten kann. In der Provinz Erzurum an der iranischen Grenze ist noch ein anderer Brauch lebendig: Der Gastgeber schenkt seinem Gast solange ungefragt Tee nach, bis dieser seinen Löffel quer über das Teeglas legt. Leider gibt es diesen Brauch nicht mehr in den Teehäusern des Landes, den *çay-evi,* wo man den Tee aus kleinen rundlichen Gläsern trinkt, die so gut in der Hand liegen und die Hände bei winterlicher Kälte vortrefflich wärmen.

In Afrika ist Ägypten der größte Teeverbraucher. Beim Teeimport liegt es — nach Großbritannien, der ehemaligen Sowjetunion, den Vereinigten Staaten von Amerika und Pakistan — an fünfter Stelle. Die Ägypter sind leidenschaftliche Teetrinker. Diese Leidenschaft lastet schwer auf einer bereits defizitären Handelsbilanz, aber die Regierung ist dennoch gezwungen, den Tee wegen des sozialen Friedens genau wie Brot, Zucker und Speiseöl zu subventionieren. Daher gibt es allenthalben Tee: natürlich in den Familien, aber auch überall bei der Arbeit, wo es undenkbar ist, am Tag nicht mindestens drei oder vier Glas Tee zu schlürfen. Diese Vorliebe für Tee ist nicht neu — er wurde

»Die Suks werden geöffnet. Die dunklen Alkoven der Stände tun sich auf. Die Teeverkäufer bestücken die fein ziselierten Tabletts. Wendige Angestellte setzen sie sich auf die Schultern und transportieren sie mit dem dampfenden Getränk in die Häuser. Ich aber bin erstaunt über die Menge derer, die sich zum Teetrinken hinausbemühen. Die Lust auf einen Schwatz treibt sie dazu. Ich liebe diesen quirligen Ausschank. Der Wirt überwacht seine großen, kupfernen Wasserkessel, in denen es brodelt, und putzt dabei mit einem Tuch, das für alles gebraucht wird, die winzigen Tassen aus.« F. Balson, *Von Kabul zum Persischen Golf,* 1949. Der Stand eines Teeverkäufers an der Route des Südens zwischen Kabul und Bâmyân, 1968 (gegenüberliegende Seite).

bereits im fünfzehnten Jahrhundert regelmäßig am Hof des Sultan getrunken — und ist bis in die entferntesten Regionen des Landes verbreitet. So erwarb sich im September 1942 der Feldmarschall Rommel die Gunst der Scheichs in der gottverlassenen Oase von Siwa mitten in der lybischen Wüste, indem er ihnen als Geschenk zehntausend italienische Lire und drei Kilo Tee überbrachte.

In Ägypten trinkt man im allgemeinen einen indischen oder einen Ceylon Dust, ziemlich stark, mit sehr viel Zucker, aber ohne Milch. In den zahlreichen Cafés — in den Städten wie auf den Dörfern — ist es meist unmöglich, einen Softdrink oder ein Mineralwasser zu bekommen. Hier serviert man dem Gast auf einem Blechtablett ein Glas ungesüßten Tee zusammen mit einem Glas kaltem Wasser, einem winzigen Glas mit Zucker und einem kleinen Löffel. In Ausnahmefällen ist auch ein Glas mit Minzblättern dabei. Wie auch in vielen anderen Ländern wird hier dem vorbeikommenden Gast, sei es ein Verwandter, ein Freund oder ein Fremder, stets Tee angeboten. In den Hütten der Fellachen trinkt man ihn auf Strohmatten oder auf dem bloßen Boden sitzend. Das Wasser kommt aus dem Nil und wird zusammen mit dem Tee in einer Metallkanne auf einem kleinen Petroleumofen erhitzt. Der fertige Tee wird zunächst in das Glas gegossen, um es zu erwärmen, dann zurück in die Kanne geschüttet, um schließlich wieder ins Glas gegossen zu werden.

Im Gegensatz zu einer weitverbreiteten Meinung verbietet das islamische Gesetz dem Mohammedaner keineswegs, schwarzen Tee unter dem Vorwand zu trinken, es sei ein fermentiertes Getränk. Tatsächlich importieren und konsumieren die meisten mohammedanischen Länder, sei es Ägypten, Pakistan oder Saudi-Arabien, schwarzen Tee aus Indien und Ceylon. Es scheint, daß die beiden wichtigsten Importländer von grünem Tee in der moslemischen Welt, Marokko und Afghanistan, diesen lediglich aus Tradition und wegen der besonderen Geschmacksgewohnheiten ihrer Verbraucher einführen. Daß in Marokko heute ausschließlich grüner Tee getrunken wird, ist sicherlich darauf zurückzuführen, daß man dort traditionell an Pfefferminztee gewöhnt war. Den *thé à la menthe,* grünen Tee vermischt mit Pfefferminze, trinkt man dort etwa seit der Mitte des neunzehnten Jahrhunderts. Als nach Ausbruch des Krimkrieges die englischen Teehändler ihren russischen Absatzmarkt verloren, wandten sie sich Marokko zu. Die Marokkaner nahmen den grünen Tee gern an, da er den scharfen Minzgeschmack ihres traditionellen Getränks milderte, ohne dessen Geschmack und Farbe zu sehr zu verändern. Der Tee wird in kleinen, oft bunt verzierten Gläsern auf runden Kupfer- oder Silberplatten serviert. Beim Trinken daheim sitzt man auf Kissen oder langen, mit Fransen versehenen

»Sie wurden vom Geräusch nackter Füße unterbrochen. Die Frau erschien mit einem großen runden Tablett, auf dem die Teekanne und anderes Zubehör stand … Er kostete Tee aus einem Glas, schüttete ihn in die Kanne zurück und hockte sich auf den Boden. — Der Tee ist in einer Minute fertig.« Paul Bowles, *Tee im Gebirge.* ›Thé à la menthe‹ in einer Oase in Südmarokko (oben). — Vergoldete und emaillierte Teekanne im maurischen Stil, die auf der Weltausstellung von 1851 ausgestellt wurde (rechts unten). — Tee in einem Privathaus in Fes, Marokko (gegenüberliegende Seite).

89

Teppichen. Wie in vielen anderen moslemischen Ländern ist das Servieren des Tees auch hier Männersache. Es gehört zu den besonderen Pflichten des Familienoberhauptes. Man bedient sich dabei zweier verschiedener Teekannen und schenkt nacheinander drei unterschiedlich starke Teeaufgüsse ein: zuerst einen schwächeren und zuletzt einen besonders starken. Beim Ausgießen wird die Teekanne hoch über das Glas gehalten, damit der Tee im Glas leicht aufschäumt. Der *thé à la menthe* kann zu jeder Tageszeit serviert werden. Auch zu den Mahlzeiten, die gewöhnlich schwer und scharf gewürzt sind, trinkt man ihn, da er die Verdauung fördert. Und sagt man hier nicht von ihm, er sei bitter wie der Tod, aber süß wie das Leben und die Liebe?

Die Teestunde in der kirgisischen *Tschaïkhana* ist eine eigenartige Mischung von orientalischer Trägheit und sowjetischer Härte: »An Sommerabenden ist die *Tschaïkana* voller Menschen. Die Trinkenden sind überall, im Inneren und auf der offenen Terrasse mit dem Geländer, das mit kirgisischen Ornamenten verziert ist, unter der geschnitzten Überdachung, die auf dünnen Säulen ruht. Die Luft ist voller Rosenduft. Hinter dem Geländer hebt sich um diese Zeit die Statue von Lenin, der sein Gesicht dem Gebirge zugewandt hat, klar gegen den Abendhimmel ab.« V. Vitkovitch, *Auf nach Kirgisien.* Eine *Tschaïkana* in Kirgisien (oben). — Eine *Tschaïkana* in Afghanistan (vorherige Doppelseite).

»RUSSISCHER TEE«

Rußland entdeckte den Tee im Jahre 1638, als der Botschafter Wassili Starkow dem Zaren Michael Feodorowitsch Romanow vierundsechzig Kisten Tee als Geschenk eines mongolischen Fürsten überbrachte. Der Tee war zwar am Zarenhof unmittelbar ein Erfolg, er brauchte aber über zweihundert Jahre, um sich in einem Land durchzusetzen, das vom Wodka beherrscht war. Bis ins achtzehnte Jahrhundert wurde der chinesische Tee von Karawanen nach Rußland gebracht, wo er allerdings damals nur in wenigen großen Städten erhältlich war. In Moskau fand er die meisten Anhänger, so daß man die Moskowiter lange Zeit verächtlich als »Wassertrinker« bezeichnete.

Zar Alexander hatte einen reichlichen Vorrat Tee im Gepäck, als er 1814 nach Paris kam. Durch ihn lernten die Franzosen den *thé à la russe* kennen, der in Wirklichkeit ein chinesischer Tee mit leichtem Rauchgeschmack war. Dieser Tee eroberte rasch die Salons der Pariser Gesellschaft. Als Balzac 1843 in St. Petersburg weilte, wo er Madame Hanska traf, kaufte er schnell eine große Menge von diesem seiner Meinung nach besten aller Tees. (Der damalige Tee darf nicht mit dem neuerdings von einem bekannten französischen Teehändler auf den Markt gebrachten Tee »Goût russe« verwechselt werden, der eine mit verschiedenen Zitrusölen und Bergamotte-Öl parfümierte Mi-

schung aus indischen, chinesischen und Ceylon-Tees ist.)

Im neunzehnten Jahrhundert hatte sich der Brauch des Teetrinkens schließlich über das ganze Zarenreich ausgedehnt. Er wurde von Jahrmarkt zu Jahrmarkt verbreitet, bis er schließlich auch das kleinste Dorf erreichte. Das Wort für Trinkgeld hieß damals schon »für den Tee« — *na tchai*. Zur gleichen Zeit erfand man auch den Samowar. Er wurde sehr bald zu einem Gerät des täglichen Gebrauchs, und man kopierte ihn in weiten Teilen der Welt.

Der Samowar ist ein großer Behälter aus Kupfer oder Bronze, kann aber auch aus Porzellan und sogar vergoldet sein. Eine kleine Teekanne mit Tee-Extrakt, der *tscheinik*, krönt ihn. Im Samowar wurde das Teewasser durch glühende Holzkohle, die sich in einer kaminartigen Röhre im Innern des Wasserbehälters befindet, am Sieden gehalten. Heute wird der Samowar elektrisch beheizt. Mittels eines kleinen Hahnes gießt man das heiße Wasser aus dem Wasserbehälter direkt in die Tassen oder Gläser, um es mit dem Tee-Extrakt zu mischen. Teeliebhaber lassen den Samowar den ganzen Tag lang summen oder »grollen wie ein fernes Gewitter«. Von Dostojewski bis Tolstoi und Gorki haben alle großen russischen Dichter den Samowar in ihren Werken erwähnt und die behagliche Wärme beschrieben, die er verbreitet. Selbst wenn er manchmal den ganzen Haushalt durchein-

»Ich möchte einiges über die russische Nahrung erzählen. Beginnen wir mit den Getränken: Die Reichen trinken natürlich unseren Champagner... Sie trinken unsere besten Weine aus Bordeaux und Burgund, dazu die verschiedensten Liköre aus aller Welt. Aber da Wein in Rußland sehr teuer ist, trinken die Kleinbürger, die Angestellten und das gewöhnliche Volk beim Essen Tee.« Olympe Audouard, *Reise ins Land der Bojaren*, 1881. Russische Bauernfamilie bei Tisch, um 1900 (oben).

94

»Er bestand heftig darauf, daß Veltschaninow auf ein Mal zwei oder drei Tassen leichten Tee hinuntergoß. Er lief, ohne Veltschaninow zu fragen, um Maura aufzuwecken, half ihr in der seit langem unbenutzten Küche, Feuer anzumachen und das Wasser im Samowar zu kochen ... Zwanzig Minuten später war der Tee fertig.« Dostojewski, *Der ewige Gatte.* Ein traditioneller Samowar in der Küche einer Isba, 19. Jahrhundert (oben). — Teeservice, das dem Zaren Nikolaus II. gehört haben soll (gegenüberliegende Seite).

ander bringt, wie Tschechow in *Onkel Wanja* amüsant beschreibt: »Der Professor liest und schreibt die ganze Nacht, und plötzlich, gegen zwei Uhr morgens, wird geläutet … Kinder, was ist los? Bringt Tee! Alle müssen geweckt werden, damit er den Samowar gebracht kriegt …«

In unseren Tagen steht im Transibirischen Express den Reisenden, die gewöhnlich ihren eigenen Tee mitbringen, ein Samowar zu Verfügung, und auf allen Bahnhöfen kann man für eine Kopeke aus einem großen Behälter, dem *Kipjatilnik,* heißes Wasser für den Tee entnehmen. In Rußland trinkt man schwarzen und grünen Tee, aber stets ohne Milch und oft aus Teegläsern. Man trinkt ihn gern mit einem Stück braunen Zucker oder einem Löffel fruchtiger Marmelade, die man in den Mund nimmt und über die man den bitteren, starken Tee schlürft. »Mit einem gefüllten Teeglas«, schreibt Puschkin, »und einem Stück Zucker im Mund — das ist Ekstase …«

Die ehemalige Sowjetunion ist heute einer der größten Teeproduzenten der Welt. Aber die erzeugte Teemenge reicht nicht aus, um den Bedarf zu decken. Darüber hinaus kann die vollmechanisierte Intensivkultur, wie sie in den weiten Ebenen von Georgien betrieben wird, nur einen Tee von mittelmäßiger Qualität erbringen. Es muß also noch zusätzlich Tee vor allem aus Ceylon und Indien für die städtische Mittelschicht, besonders aber für die damalige anspruchsvolle Nomenklatura, importiert werden.

Bei den Auktionen an den Teebörsen von Colombo und Kalkutta, so sagt man, wurden die besten Tees früher fast immer von sowjetischen Importeuren aufgekauft, die für einen guten Tee jeden Preis zahlten …

»Der Verbrauch von Tee in Rußland ist so groß, daß in einem einzigen Moskauer Restaurant, wie ich erfahren konnte, am Tag im Durchschnitt 33 Pfund Tee verbraucht werden, das macht 980 Pfund im Monat oder 11 880 Pfund im Jahr!« Jacques Boucher de Perthes, *Reise nach Rußland,* 1859. Tee im Margarita, einem berühmten Moskauer Café und Treffpunkt junger Leute (oben). — Eine Sammlung von Samowars aus dem 19. Jahrhundert in einer Isba in der Nähe von Moskau (gegenüberliegende Seite, oben). — Samowar, um 1900 (unten).

BEI GOETHE ZUM TEE

Um 1640 wurde der chinesische Tee in Deutschland bekannt. Damals wurde er über Holland, später auch über England und Dänemark eingeführt. Lange Zeit wurde er als eine Art Heilkraut angesehen. Er war in den Apotheken erhältlich und wurde, wie es im *Frauenzimmer-Lexicon* von 1715 heißt, »wenn in siedend Wasser geworffen, von dem Frauenzimmer zur Gesundheit getruncken«.

Gegen Ende des achtzehnten Jahrhunderts war das Teetrinken im Alltag gang und gäbe. Damals begann man die Morgensuppe durch den Morgentee zu ersetzen. Bald wurde es üblich, drei- oder viermal am Tag Tee zu trinken, und man trank ihn aus prachtvoll verziertem Porzellangeschirr, das aus den Manufakturen von Meißen, Berlin, Bayreuth, Ansbach oder Nymphenburg kam. Sechzig verschiedene Sorten von chinesischem Tee waren 1772 in Deutschland auf dem Markt. Sie wurden direkt aus China nach Hamburg und Bremen verschifft. Etwa zur gleichen Zeit kam eine neue Mode des Teetrinkens aus England. Man begann den Punsch zu schätzen. Dieses heiße Mischgetränk aus Tee, Arrak, Zucker und Zitrone wurde durch englische Ostindienfahrer in den Nordseehäfen bekannt gemacht. Von dort aus verbreitete sich das Punschtrinken rasch weiter, so daß die Teeabende nun oft durch Punschkränzchen abgelöst wurden. Gegen Ende des neunzehnten Jahrhunderts änderte sich der Teegeschmack. Statt des grünen chinesischen Tees begann man, schwarzen indischen Tee zu trinken. Um 1880 kamen bereits zwanzig Prozent der Tee-Importe aus Indien und Ceylon.

Im Jahre 1709 entdeckte man in Meißen das Geheimnis der chinesischen Porzellanfabrikation. Die ersten europäischen Teeservices wurden nach chinesischem Muster gefertigt. Wie in China hatte die Tasse keinen Henkel. Die Untertasse war tief, ohne Rille und glich einer kleinen Schale. Dahinein goß man manchmal den Tee und trank ihn auch daraus. Balthasar Denner und seine Familie, Gemälde von Jacob Denner, 1737 (oben). — Johann Heinrich Tischbein, Die Verlobte des Malers, 1756. Man sieht am linken Bildrand die Heißwasser-Urne (gegenüberliegende Seite).

Im neunzehnten Jahrhundert war der Tee aus Künstlerkreisen und den Salons der feinen Gesellschaft nicht mehr wegzudenken. Selbst die Art Tee einzuschenken wurde zum Gesellschaftsspiel. Bildete sich dabei eine Schaumkrone in der Tasse, so verhieß dies einen Liebesbrief oder gar einen Kuß. »Sie saßen und tranken am Teetisch und sprachen von Liebe viel. Die Herren, die waren ästhetisch, die Damen von zartem Gefühl...« Heinrich Heine soll dieses Gedicht in der Conditorei Stehely geschrieben haben, einem bekannten Treffpunkt der Berliner Künstler und Literaten, in der auch Theodor Fontane häufig zu Gast war.

Für Goethe waren Teeabende ein willkommener Anlaß, seine Freunde um sich zu versammeln. Am 14. Oktober 1823 notierte Eckermann in seinem Tagebuch *Gespräche mit Goethe*: Diesen Abend war ich bei Goethe das erste Mal zu einem großen Tee ... Die Gesellschaft gefiel mir, es war alles so frei und ungezwungen, man stand, man saß, man scherzte, man lachte ... Goethe ging bald zu diesem und zu jenem und schien immer lieber zu hören und seine Gäste reden zu lassen, als selber viel zu reden. Frau von Goethe kam oft und hängte und schmiegte sich an ihn und küßte ihn...« Die Rede ist von Ottilie von Goethe, die mit August, dem unehelichen Sohn Goethes, verheiratet war. Die gestrengen Damen der Weimarer Gesellschaft hatten es zuerst abgelehnt, seine Mutter, den »Bettschatz« Christiane Vulpius, jemals zu empfangen, da Goethe sie erst nach einer 18 Jahre währenden Liebschaft heiratete. Doch die resolute Johanna Schopenhauer machte dem ein Ende: »Wenn Goethe ihr seinen Namen gibt, so können wir ihr doch wohl eine Tasse Tee geben!«

In den Salons der Rahel Varnhagen, Goethes »liebevollem Mädchen«, und der Henriette Herz, die zu ihrer Zeit als die schönste Frau Berlins galt, fanden sich Dichter und Diplomaten, Schauspieler und Maler zum Tee ein. Manchmal ließ sich dort auch Prinz Louis Ferdinand mit seiner Geliebten Pauline Wiesel sehen.

Die Begeisterung für »Chinoiserien«, die im 18. Jahrhundert ganz Europa erfaßte, griff auch auf die Gartenkunst über. Pagoden und Teehäuser im chinesischen Stil zierten die Parks der Schlösser. Die Teehäuser hatten zwar nur eine entfernte Ähnlichkeit mit ihren Vorbildern, doch ihre Exotik gefiel, und man trank dort chinesischen Tee. In Potsdam, im Park von Schloß Sanssouci, das im 18. Jahrhundert von Friedrich dem Großen erbaut wurde, steht eines der schönsten Beispiele (oben). — Der Fassadenschmuck und die Skulpturen dieses anmutigen Pavillons zeigen einen imaginären Orient (gegenüberliegende Seite). — Teekanne mit Golddekor, Meißen, um 1725 (links unten).

100

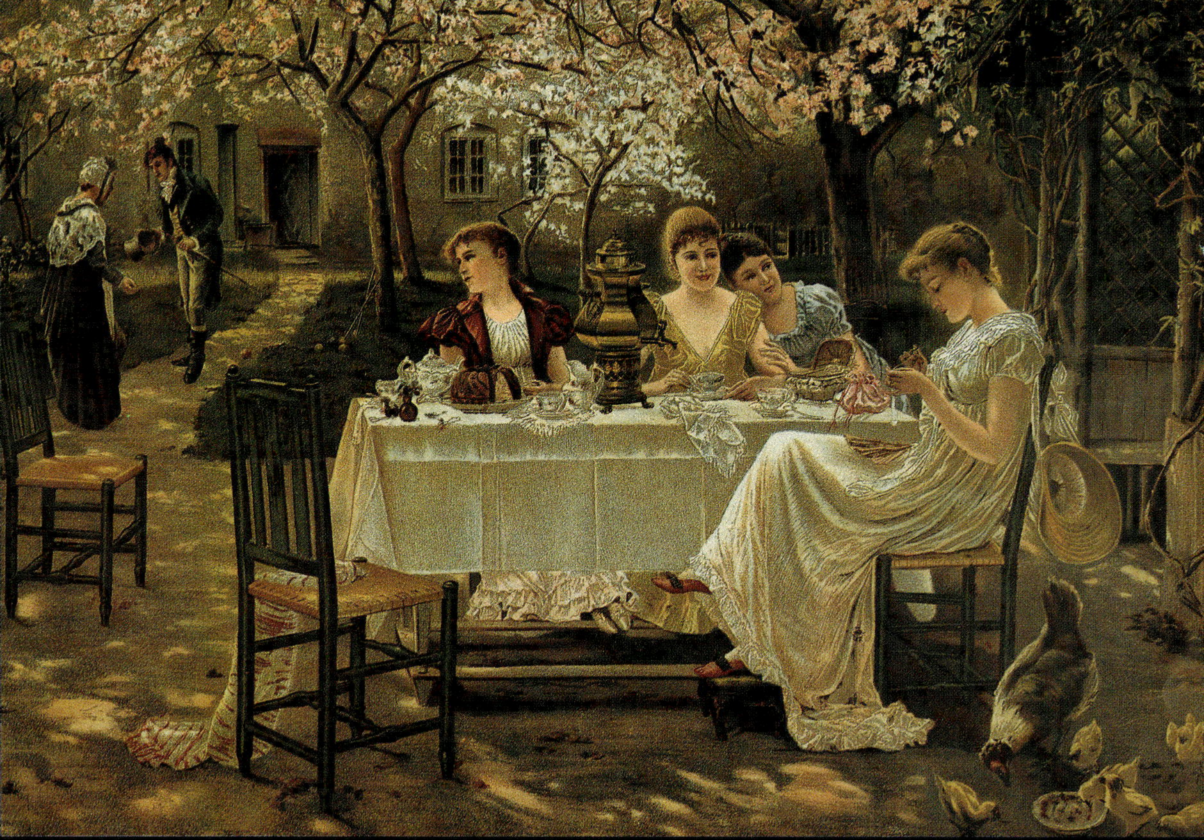

Als man gegen Ende des neunzehnten Jahrhunderts, in der Epoche des Jugendstils, an der japanischen Kultur Gefallen fand, wurde japanischer Tee von einer emfindsamen, dem Sentimentalen zugeneigten Jugend dem Kaffee vorgezogen. Ihrem Empfinden nach entsprach er besser jenem Gefühl von unbestimmter Sehnsucht, das für die Zeit charakteristisch war. Dagegen begeisterte sich die junge Generation in den zwanziger Jahren dieses Jahrhunderts für Rußland und die Sowjets. Man trank russischen Tee und diskutierte nächtelang, wie man die Welt verbessern könnte. Nur wenige Jahre später kam in Deutschland wie überall in Europa die Mode der »Tanztees« auf. Die großen Hotels richteten in ihren Bars Tanzflächen ein, auf denen sich Jung und Alt zwischen zwei Tassen Tee tummelte.

Heute trinkt man in Deutschland drei- bis viermal so viel Tee wie in Frankreich. Die Hamburger Teeimporteure, die besonders dynamisch und zudem Erben einer langen Tradition sind, kontrollieren einen beträchtlichen Teil des Weltmarktes und haben, was die Teequalität angeht, London überholt. Und in einer Gegend von Deutschland wird genauso viel Tee getrunken wie in England: in Friesland. Die Friesen waren auch die ersten, die in Deutschland mit dem Teetrinken begannen. Sie übernahmen es von ihren holländischen Nachbarn, deren Ostindienfahrer den Tee erstmals nach Europa gebracht hatten. Mit einem Schuß Rum wurde ein starker Tee bald das bevorzugte Getränk der Küstenfischer zwischen Weser und Ems. Noch heute ist die traditionelle Teeleidenschaft der Friesen ungebrochen. Mit braunem Kandis und süßer Sahne trinkt man ihn hier zu jeder Tageszeit, und noch immer gilt der Spruch: »Friesische Gemütlichkeit hält stets ein Kopje Tee bereit.«

»Um die Teestunde und nach dem Diner sitzen wir meist im Blauen Salon bei der Musik … Gemeinhin — man kann wohl sagen ›gemeinhin‹ — erklingen die gezuckerten, in ehrgeizigen Fällen den Puccini nachahmenden Teepiècen … Man sitzt in der leise schwankenden Eleganz des Gesellschaftsraumes im Smoking in seinem Fauteuil am vergoldeten Tischchen, trinkt seinen Tee, raucht seine Zigaretten.« Thomas Mann, *Meerfahrt mit ›Don Quichote‹*. Notenheft für den Tanztee, 1935 (oben). — Der Besuch des Junggesellen, Lithographie von Koch, 1880 (gegenüberliegende Seite oben). — Stahlstich nach einem Aquarell von Oscar Blum von 1902, mit der Bildunterschrift: »Beim Tee muß man die Frauen nehmen, wie sie sind« (gegenüberliegende Seite unten).

Holländische Teeszenen. Hier sieht man, daß der Wasserkessel, der in anderen europäischen Länder als unelegant und unhandlich galt, in den Niederlanden stolz vorgezeigt wurde. Delfter Kachelbilder mit eleganten Teeszenen waren seit dem 17. Jahrhundert ein geschätzter Wandschmuck in holländischen Häusern. Im 18. Jahrhundert, als dieses Gemälde von Nicolas Muys (gegenüberliegende Seite) entstand, war in Holland das Teetrinken bereits zur Gewohnheit geworden. Montesquieu war entsetzt, als er zusehen mußte, wie eine holländische Dame dreißig Tassen Tee hintereinander trank. (Montesquieu, *Reise nach Holland*) — Holländische Familie am Teetisch, Fotografie um 1850, von Carl Rensing (folgende Doppelseite).

»TEA TIME«

Die Engländer haben aus dem Teetrinken weit mehr als eine Tradition gemacht: Sie haben es zu einer Lebensart stilisiert. So trinkt der Brite jeden Tag im Durchschnitt sechs Tassen Tee. Im England des siebzehnten und achtzehnten Jahrhunderts gab es eine Teerevolution wie es eine industrielle Revolution gegeben hat. Als Ausdruck des guten Geschmacks und als Quelle der Geselligkeit wurde der Tee in allen Gesellschaftsschichten bald unentbehrlich. Er veränderte merklich die Lebensweise von Frauen und Männern, da von nun an der Tagesablauf vom Rhythmus der *Tea Time* bestimmt wurde. Als eine ebenso aristokratische wie volkstümliche Kunst, die strengen Regeln gehorchte, erreichte das Teetrinken die höchste Verfeinerung in den Familien der

Die mit einem Henkel versehene Tasse setzte sich erst gegen Ende des 18. Jahrhunderts durch. Die Idee dazu stammt sicherlich von den Bierseideln und Henkelgläsern, aus denen man damals Bier und Glühwein trank. Das europäische Teegeschirr löste sich allmählich von den chinesischen Vorbildern und entwickelte eine Vielfalt eigener Formen. In den englischen Manufakturen war man besonders erfinderisch: Man fertigte spezielle Teetassen für Schnurrbartträger. Sie hatten einen Innenrand, der verhinderte, daß der Schnurrbart beim Trinken naß wurde. Teeszene, England, um 1740 (oben). — Ein Gentleman beim Frühstück, um 1740, Henry Walton zugeschrieben (gegenüberliegende Seite).

Oberschicht. Zweifellos hat nirgendwo auf der Welt ein Getränk auf so angenehme Weise den Tagesablauf eines ganzen Volkes bestimmt. Das beste Beispiel dafür ist vielleicht der *Early Morning Tea,* den man gleich nach dem Aufwachen oft noch im Bett und vor der Morgentoilette trinkt. Man beginnt also den Tag unter dem Zeichen des Tees. Cecil Roth erzählt, was ihm bei Rothschilds widerfuhr: »Ich war kürzlich zu Gast bei Baron Alfred de Rothschild in seinem Schloß Seamore Place. Frühmorgens schob ein livrierter Diener einen riesigen Servierwagen in mein Zimmer und fragte: ›Wünschen Sie Tee oder einen Pfirsich, Sir?‹ Ich wählte Tee. Darauf die zweite Frage: ›Chinesischen, indischen oder Ceylon-Tee,

Sir?‹ Ich entschloß mich für indischen Tee, und er fragte weiter: ›Mit Zitrone, mit Sahne oder mit Milch, Sir?‹ Ich wählte Milch, aber er wollte nun wissen von welcher Rinderrasse: ›Jersey, Hereford oder Shorthorn, Sir?‹ Niemals habe ich besseren Tee getrunken.« Wohlgemerkt, auf den *Early Morning Tea* folgt noch das *Breakfast.* Zum Frühstück wird selbstverständlich wieder Tee getrunken, und dazu werden Porridge, Rührcier oder Eier mit Schinken und oftmals auch Fisch gegessen. Das *English Breakfast* ist also etwas ganz anderes als unser *Continental Breakfast,* das meist nur aus Brötchen mit Marmelade besteht.

Im Jahre 1657, noch unter Cromwell, fand der erste öffentliche Teeverkauf in England statt. Der

Im Gegensatz zum *Five o'clock tea,* der auf niedrigen Tischen mit leichten Sandwiches und feinen Kuchen serviert wird, ist der *High Tea* eine handfeste Mahlzeit — bei breiten Bevölkerungsschichten nach der Arbeit auf dem Felde oder in der Fabrik sogar die Hauptmahlzeit des Tages. Der Frühstückstisch (oben). Dies ist die erste fotografische Aufnahme eines englischen Tees, die im Jahre 1840 von William Henry Fox Talbot gemacht wurde. — Beim Lesen der Zeitung, 1874. Gemälde von James Tissot, einem französischen Maler, der in London lebte und den Teetisch des öfteren zum Sujet seiner Bilder machte (gegenüberliegende Seite).

Händler, ein gewisser Thomas Garraway, pries den Tee besonders wegen seiner vielen medizinischen Eigenschaften an, so daß dieser schnell von der besseren Londoner Gesellschaft angenommen wurde. Besonders die Frauen fanden Gefallen am Tee. Sie zogen sich nach den Mahlzeiten in den Salon zurück, um Tee zu trinken, während die Männer am Tisch noch bei Portwein verweilten. Dank der Beliebtheit der *Coffee Houses,* wo damals Tee ausgeschenkt wurde, erreichte er auch schnell die unteren Schichten. Der spektakuläre Aufschwung, den der Tee in England nahm, ist eng mit dem der Kaffeehäuser verknüpft, von denen das erste 1652 in London eröffnet wurde. Ein halbes Jahrhundert später gab es davon in der Hauptstadt nicht weniger als fünfhundert. Im siebzehnten und achtzehnten Jahrhundert waren diese Einrichtungen unbestritten die Zentren des geselligen Lebens in England. Hier konnte jedermann Tee, Kaffee, Branntwein oder Rum trinken, alle möglichen Leckerbissen verzehren und die Zeitschriften von der Insel wie auch vom Kontinent lesen. Hier traf man sich, um zu plaudern und zu diskutieren. Hier ent-

Obwohl in England das Wetter sehr unbeständig ist, war das Teetrinken im Freien sehr beliebt. Bestimmte Ereignisse der Sommersaison sind stets mit einem Tee im Freien verbunden. Bei den *Garden Parties* im Garten des Buckingham-Palastes, der Bootsregatta von Henley, den *Cricket Matches* und Dorffesten trinkt man Tee unter großen Zelten, die eigens zu diesem Anlaß errichtet werden. Damen beim Tee im Garten, Loughton 1908 (oben). — Tee im Grünen, Fotografie von Mortimer um 1900 (gegenüberliegende Seite).

stand möglicherweise auch die westliche Version des Trinkgeldes: Die Besucher hatten in den *Coffee Houses* die Möglichkeit, eine Münze in eine Dose zu werfen, die mit den Buchstaben T.I.P. gekennzeichnet war: *To insure promptness* — für eine schnelle Bedienung.

Im Jahre 1706 eröffnete der junge Ladengehilfe eines Teehändlers, Thomas Twining, das erste *Coffee House,* das sich auf den Ausschank von Tee spezialisierte: »Tom's Coffee House«. Damit begründete er, was später eine der berühmtesten Teefirmen der Welt werden sollte. Twining eröffnete, wie bereits erwähnt, elf Jahre später noch einen Teeladen, »The Golden Lyon«, wo die Damen, die in den *Coffee Houses* nicht zugelassen waren, ihren Tee kauften und auch Tee trinken konnten. Im Laufe des achtzehnten Jahrhunderts stieg der Teekonsum beträchtlich. Gegen Ende des Jahrhunderts trank man fünfzehnmal mehr Tee als am Anfang, und in den letzten fünfzehn Jahren

Die Kinder aus guten edwardianischen Familien waren wie ihre Eltern dem Teeritual sehr zugetan. Für sie bedeutete es Leckereien in der behaglichen Geborgenheit des Kinderzimmers, der *Nursery*. Die jungen Helden von *Peter Pan,* dem berühmten, 1904 erschienenen Roman von J. M. Barrie, beweisen, daß die kleinen Engländer den Tee selbst den Wundern der Zauberinsel vorziehen. »Möchtest du gleich ein Abenteuer erleben oder lieber erst Tee trinken?« fragt Peter Pan. »Zuerst den Tee!« sagt Wendy schnell. Die freundliche Geberin, Fred Morgan, um 1900 (oben).

des Jahrhunderts verdoppelte sich der Verbrauch noch einmal. Das Teetrinken war nicht mehr allein der Oberschicht vorbehalten, sondern es verbreitete sich nun in der Mittelklasse und schließlich auch in den unteren Volksschichten. Die rapide Steigerung des Teekonsums hing mit der massiven Steuersenkung zusammen, die Pitt im Jahre 1783 beschloß, um den immer besser organisierten Teeschmuggel zu bekämpfen. (Zu dieser Zeit waren im Teehandel mehr als vierzigtausend Menschen beschäftigt und dreihundertzwanzig Schiffe!)

Diese Vorliebe für den Tee brachte mit sich, daß bereits in der zweiten Hälfte des achtzehnten Jahrhunderts in London die ersten Teegärten entstanden. Damals, als man sich in England von der formalistischen Strenge der französischen Gartenbaukunst abkehrte und zu einem eigenen, betont romantischen und naturgemäßeren Stil fand, vergnügten sich die Londoner aus allen Schichten in den *Tea Gardens* und raffiniert angelegten Vergnügungsparks von Ranelagh, Marylebone und Vauxhall. Nachdem man sein Eintrittsgeld entrichtet hatte, konnte man dort tagsüber und abends soviel Tee trinken wie man wollte. In Szenerien wie in einem Gainsborough-Gemälde, wo das Barocke mit dem Antiken wetteiferte, im Schatten eines Rokoko-Tempels oder einer geborstenen Säule saß man an

zierlichen Tischchen oder einfach im Gras und trank seinen Tee. Manchmal spielte ein Orchester, und man aß Kuchen und alle jene Kleinigkeiten, die man zwischen zwei dünne Scheiben gebuttertes Brot legen konnte — eine Erfindung, die der findige Lord Sandwich zu dieser Zeit gemacht hatte.

In der viktorianischen Epoche gewann die Mittagsmahlzeit, der *Lunch*, mehr und mehr an Bedeutung. Die Männer trafen sich zur Mittagszeit in ihren Clubs, und die Frauen zogen sich in ihr Heim zurück. Das hatte zur Folge, daß sich die Essenszeiten änderten. Das Abendessen, das *Dinner*, das ehemals zwischen fünf und sieben Uhr abends eingenommen wurde, verschob sich nun um eine oder zwei Stunden, und das abendliche *Supper* um zehn Uhr verschwand ganz. Im Jahre 1840 hat Anna, die siebente Herzogin von Bedford, den *Afternoon Tea* ersonnen, um den kleinen Hunger zu stillen, der unweigerlich zwischen *Lunch* und *Dinner* auftrat. Den *Afternoon Tea* nahm man nun zu Hause um vier Uhr ein. (Seit Beginn des zwanzigsten Jahrhunderts geschieht dies erst gegen fünf Uhr nachmittags.) Dieser Brauch verbreitete sich rasch in den wohlhabenderen Schichten. Er führte das Ende der *Tea Gardens* herbei und sollte zu einer wesentlichen Ausdrucksform der englischen Lebensart werden.

»[Ihre Schwester, fand Kate] glich mehr und mehr den beiden unverheirateten Schwestern ihres Mannes, die viel zu oft und zu lange zu Besuch kamen und sich dabei über den Tee und die Butterbrote hermachten, was Kate, die dabei an die Rechnungen der Lieferanten dachte, nicht gefiel ... Über endlosen Tassen Tee bedrängten die beiden die Witwe ihres Bruders ... « Henry James, *Die Flügel der Taube*. — Jetzt wird Tee getrunken! Plakat des Empire Marketing Board, 1930 (oben).

Im Winter wurde der *Afternoon Tea* vor dem Kamin im Salon, dem *Drawing Room,* eingenommen. Im Sommer trank man ihn im Garten unter schattigen Bäumen. Im *Afternoon Tea* verbanden sich schnell guter Geschmack, feine Lebensart und Geselligkeit. Sehr bald bildeten sich feste Regeln dafür aus. Man hatte sich elegant, aber bequem anzuziehen. So wurden in den achtziger Jahren des vorigen Jahrhunderts die ersten *Tea Gowns* kreiert: leichte und weite, die Taille wenig einengende, schlichte Roben. Es gehörte sich auch, daß man prächtige Tischdecken auflegte und kostbares Teegeschirr benutzte, eine Teekanne, ein Milchkännchen und eine Zuckerschale aus Silber oder chinesischem Porzellan, mindestens ein Dutzend Teetassen samt Untertassen und kleinen Tellern, außerdem luftdicht verschließbare Teebüchsen, die *Tea Caddies,* samt zierlichen Meßlöffeln, den *Caddie Spoons.* Besonders wichtig aber war, daß die Frau des Hauses den Tee und alles, was dazu gereicht wurde, perfekt zuzubereiten verstand. Natürlich war es Teil des guten Tons, daß der Tee von einem Dienstboten oder, noch besser, von der Tochter des Hauses gereicht wurde. Mit ihrem dabei bewiesenen *Savoir-faire* ließ sie erkennen, wie geschickt sie sich bereits in der Gesellschaft bewegen konnte. In guten Häusern wurde übrigens nur indischer oder Ceylon-Tee serviert.

In jener Zeit entwickelten sich auch für die Art der zum *Afternoon Tea* gereichten Speisen feste Regeln, die noch heute Gültigkeit haben. Es mußten unbedingt kleine Sandwiches sein, die mit Kresse, mit Gurken-, Tomaten- oder Eierscheiben belegt waren. Dazu kamen *Shortbread* (ein Sandgebäck) und *Scones* (eine Art süßer oder salziger Teebrötchen), Konfitüren (vornehmlich Erdbeerkonfitüre) und verschiedene Teekuchen. Besonders beliebt waren und sind die *Sponge Cakes* aus leichtem Biskuit. Bald kam noch der *Cream Tea* dazu, bei denen man zu *Scones* mit Erdbeerkonfitüre auch *Clotted Cream* reichte, eine Spezialität aus Westengland (eine besonders dicke, butterige Sahne). In viktorianischer und noch in edwardianischer Zeit war es üblich, daß die Kinder getrennt von den Erwachsenen den Nachmittagstee in ihrem Kinderzimmer bekamen. Dieser *Nursery Tea* war sehr viel einfacher als der *High Tea* der Erwachsenen. Normalerweise gab es auch keinen Tee, sondern Milch oder, im Sommer, frisch zubereitete Limonade. Es gab Sandwiches mit *Potted Meat* oder *Fish Paste* (Fisch- oder Fleischaufstrich) für die Größeren und mit zerdrückter Banane oder mit Honig für die Kleinen. Es gab Rosinenkuchen sowie *Muffins* und *Crumpets,* die getoastet und mit Butter bestrichen wurden. Für die Puppen der kleinen Mädchen war ein Teeservice *en miniature* vorhanden ...

Drei verschiedene Auffassungen der englischen Teestunde: Das strenge Waliser Ritual (oben); das kürzlich restaurierte Mackintosh-Interieur der Willow Tea Rooms in Glasgow, die 1897 von Miss Cranston eröffnet wurden, einer militanten Alkoholgegnerin und Schwester eines der bedeutendsten Glasgower Teehändler (gegenüberliegende Seite, oben); Tea house at College Farm, eine Teestube im Norden von London auf dem Gelände eine der wenigen noch verbliebenen kleinen Farmen (unten).

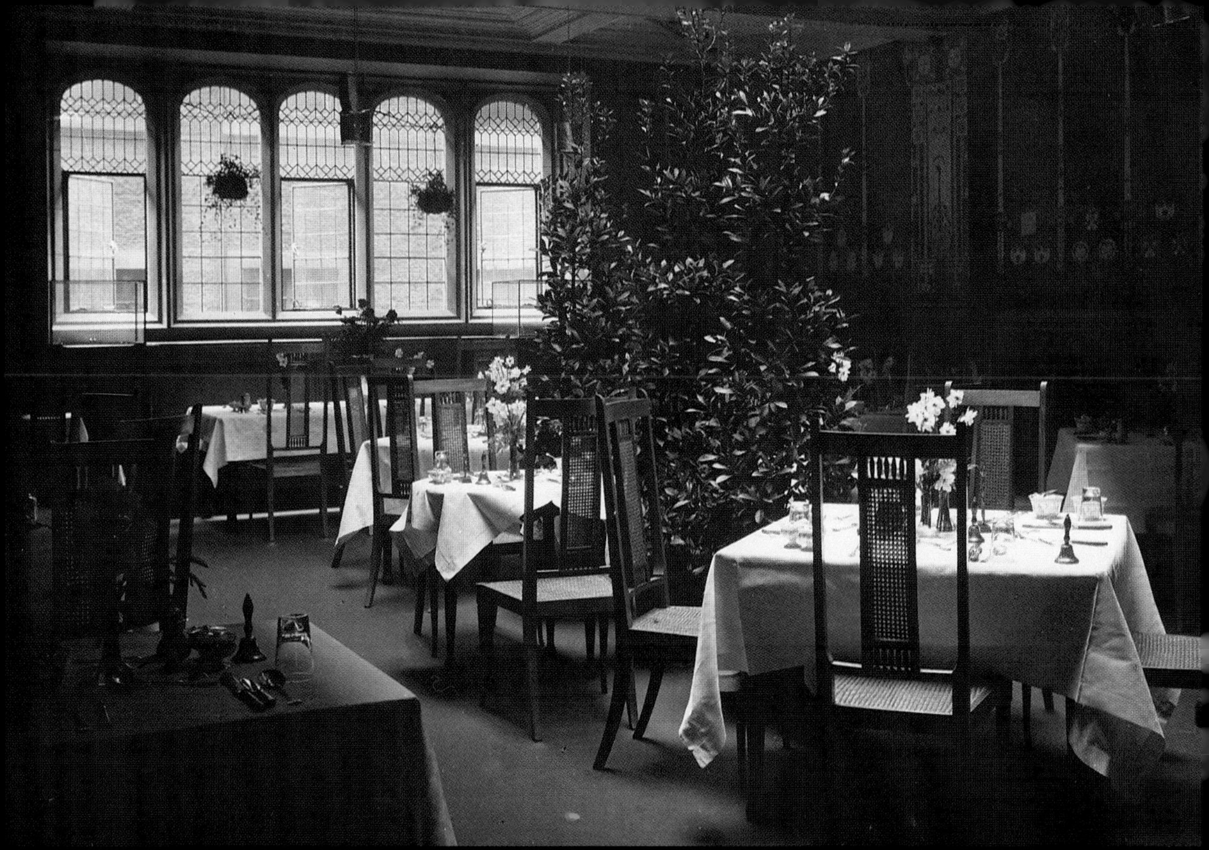

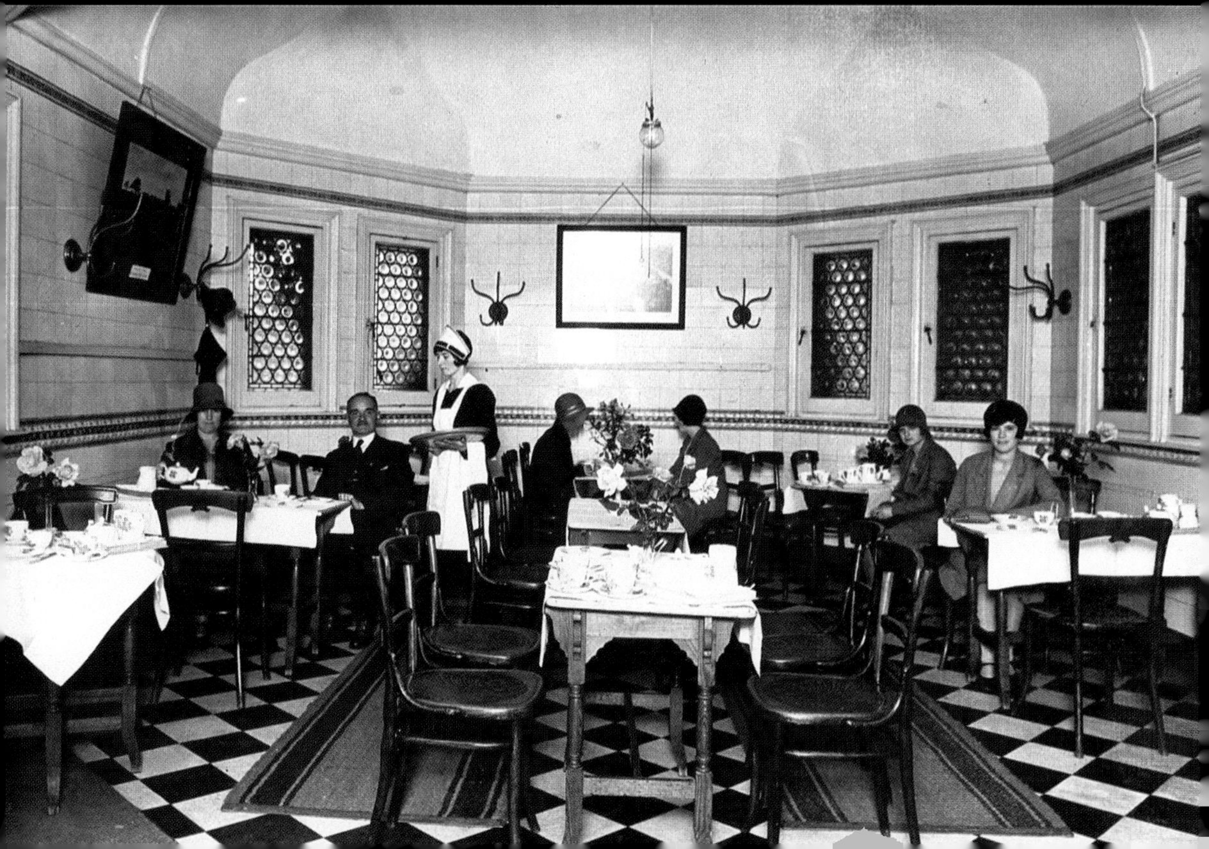

Auf dem Lande wurde der *Afternoon Tea* bald zur Hauptmahlzeit. Man nahm ihn ein, wenn man von der Feldarbeit nach Hause kam. In vielen Katen und Bauernhäusern herrschte eine herzliche Gastfreundschaft. Es war hier üblich, Fremde und Vorbeikommende zu einer Tasse Tee und zu *Scones* und *Meat Pies* (Fleischpasteten) einzuladen.

In den verschiedenen Gegenden des Königreichs bildeten sich verschiedene Teebräuche aus, so etwa in Devon, wo zum Tee *Clotted Cream* gereicht wurde, oder in Westengland, wo man Eier und eingemachtes Fleisch aß, oder in Dorset, wo man Apfelkuchen zum Tee gab. In Cornwall verzichtete man eine Zeitlang auf den Zucker zum Tee, da der Methodistenprediger John Wesley davon abriet, damit nicht die Sklaverei auf den Antillen unterstützt würde.

Auf den eleganten und vornehmen Landsitzen, wie sie Jane Austen in ihren Romanen beschreibt, wurde der *Afternoon Tea* im kleinen Salon, auf der Veranda oder im Gartenhaus serviert. Man

Bereits im 19. Jahrhundert war es in England eine Selbstverständlichkeit, daß der Tee wesentlich zum täglichen Wohlbefinden beitrug. Während in der Nachkriegszeit die Versprechungen der Regierung erst auf eine Verbesserung des Lebensstandards hoffen ließen, gab es auf den großen englischen Bahnhöfen bereits 1946 ultramoderne Teewagen (oben). — Als es 1935 in vielen walisischen Städten eine Arbeitslosenquote von mehr als neunzig Prozent gab, ließ man die *Tea Moralities* der viktorianischen Zeit wieder aufleben. Zu diesen Anlässen wurden Kinder aus den ärmeren Bevölkerungsschichten zu einem Nachmittagstee eingeladen (gegenüberliegende Seite).

117

»Welche Teemarke kaufen Sie?‹ fragte Wyatt. ›Ich kenne mich da nicht aus. Ich habe Abdul gebeten, Tee zu kaufen.‹ — Dieses hübsche junge Mädchen würde vielleicht von mir eines Tages eine Einladung zum Tee annehmen. Man sollte sie etwas unterhalten, denn so allein mußte sie sich schrecklich langweilen.« Agatha Christie, *Das Geheimnis von Sittaford*. — Alltagsszene in London, 1949 (oben). — *Afternoon Tea* in einer Teestube in Torquai, einem südenglischen Badeort, 1954 (gegenüberliegende Seite).

begann dort, den Tee in Tassen aus englischem Porzellan von Wedgwood, Spode und Minton zu trinken zwischen zwei Crocket- oder Tennisspielen oder nicht enden wollenden Bridgepartien. An heißen Sommernachmittagen erfrischte man sich mit Eistee und kleinen Sandwiches.

In den unteren Schichten und in den bürgerlichen Schichten der Städte wurde der Nachmittagstee zu einer richtigen Mahlzeit, zu der es mit Fleisch, Fisch oder Käse handfest belegte Brote gab. Falls man den Tee nicht zu Hause einnahm, konnte man in London in die *Tea Houses* gehen. Eines der ersten war das A.B.C. (Aerated Bread Company), das 1864 eröffnet wurde und sofort ein durchschlagender Erfolg wurde. Die Teehäuser setzten die Tradition der *Tea Gardens* fort, und sie konnten auch von Frauen besucht werden.

Auch die sittenstrenge Königin Victoria hatte an ihnen nichts auszusetzen. Sie führte im Buckingham Palast offiziell den Brauch der *Tea Time* ein. Als junges Mädchen mußte sich Victoria der überstrengen Autorität ihrer Gouvernante, der Herzogin von Northumberland, fügen. Diese war fest davon überzeugt, daß zwei moderne Angewohnheiten besonders verwerflich seien: die *Times* zu lesen und Tee zu trinken. Victoria fügte sich respektvoll bis zu ihrer Krönung im Jahre 1838. Unmittelbar nach ihrer Krönung holte die

junge Königin tief Luft und befal, ihr die neueste Ausgabe der *Times* und eine Tasse Tee zu bringen. Die Lakaien führten diesen Befehl unverzüglich aus. »Ich weiß jetzt, daß ich tatsächlich regiere«, soll sie gesagt haben. Seither war der Tee — und der Whisky — ihr Lieblingsgetränk.

Während ihrer ganzen Regierungszeit von vierundsechzig Jahren unterstützte Königin Victoria die *Tea Moralities*. Bei diesen wurden die Ärmsten der Armen — Arbeits- und Obdachlose und auch Prostituierte — von Wohltätigkeitsvereinen rund um eine Tasse heißen Tee versammelt. Im Auftrag Gottes und auf Victorias Geheiß sollte dieser Trost aller Tröstungen in diesem vom Alkohol so sehr geschädigten Milieu ein Anreiz sein, statt Gin Tee zu trinken. Charles Dickens war einer der schärfsten Beobachter dieses Londoner Elends. Nicht ohne Humor und Mitgefühl beschreibt er in seinen *Weihnachtsgeschichten* die freudige Wehmut der Weihnachtszeit, die den Briten so lieb und teuer ist: »Welch würziges Aroma entströmt ihrem Tee, ihrem Kaffee! Wie duften die Rosinen und die weißen Mandeln, die mit Zucker bestäubten kandierten Früchte, die Feigen und die Dörrpflaumen und die in buntes Weihnachtspapier eingewickelten Bonbons.«

Auch ein ganz anderer Brauch entstammt dieser Zeit der industriellen Revolution: die Arbeitspause in der

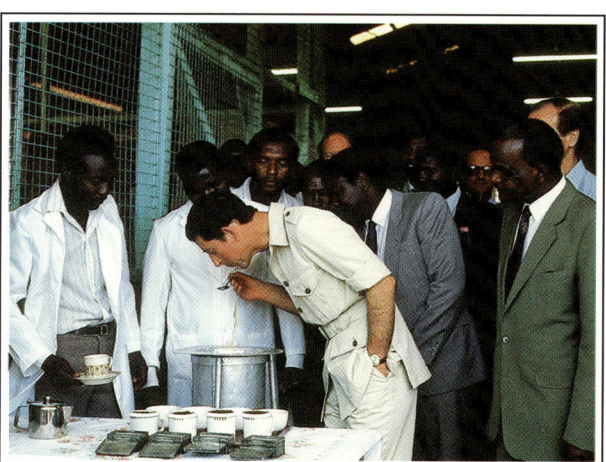

Jeden Nachmittag fanden sich König Georg VI., seine Gemahlin Elisabeth und die beiden jungen Prinzessinnen bei einer Tasse Tee, Kresse-Sandwiches, Biskuitkuchen und Mokka-Éclairs ein. Die jetzige Königin, Elisabeth II., unterbricht pünktlich um fünf Uhr nachmittags alle Aktivitäten und begibt sich in ihre Privatgemächer. Es ist Tea Time: Der Tee ist von Twining, das Porzellan von Worcester, und die Königin nutzt diese kostbaren Augenblicke, um sich ihren Kindern oder ihren Hunden zu widmen. Der Prinz von Wales nimmt an einer Teeprobe in Kamerun teil, obwohl es heißt, daß er keinen Tee trinkt (oben). – Die königliche Familie beim Nachmittagstee auf Schloß Windsor, 1950. Gemälde von Sir James Gunn (gegenüberliegende Seite).

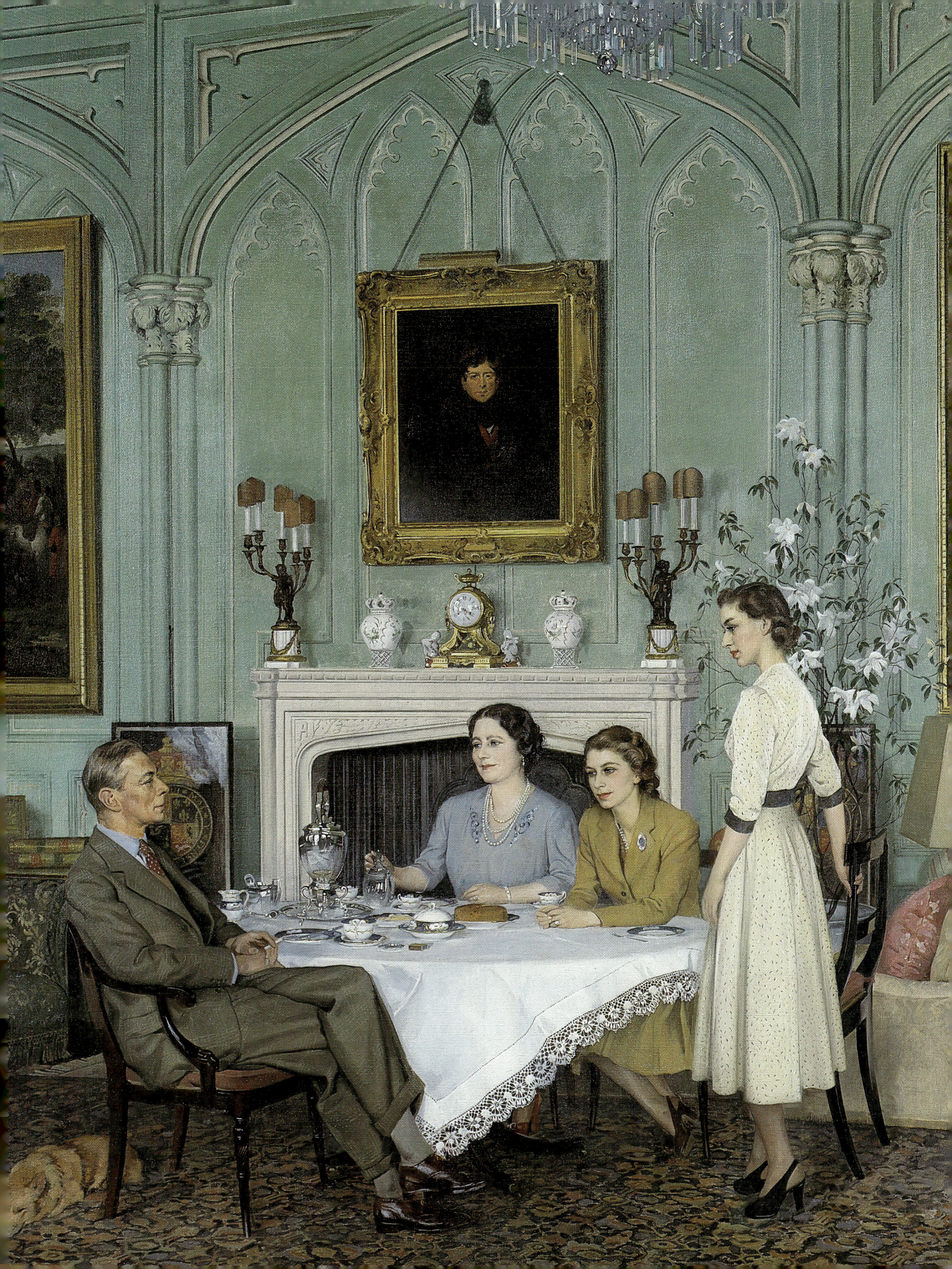

Mitte des Vor- und des Nachmittags. In dieser Zeit konnten die Arbeiter und die Angestellten ihren Tee trinken und eine Kleinigkeit essen. Aber um diese Verschnaufpause den Arbeitsgebern abzutrotzen, die einen Rückgang der Produktivität befürchteten, bedurfte es erst des Aufkommens der Gewerkschaften in den zwanziger Jahren des vergangenen Jahrhunderts.

Feste Bräuche, die sich um den Tee ranken, wie etwa die Teepause, sterben im heutigen England allmählich aus. Wechselnde Arbeitszeiten im Büro, neue Technologien in den Fabriken, immer mehr Frauen im Berufsleben und nicht zuletzt ein neues Diätbewußtsein — das alles verträgt sich schlecht mit dem Ritual eines üppigen *Five o'clock tea.* Heutzutage hält man keine opulente Teepause

In den Londoner Grandhotels wird das Ritual des *Afternoon Tea* am vollendetsten und ausgiebigsten begangen, wie es ein Blick auf die Karte von Brown's Hotel zeigt: Neben einer ausgezeichneten Auswahl verschiedener Tees, unter denen sich ein exklusiver grüner Tee befindet, enthält sie viele Arten von Sandwiches, Toast und Konfitüren, *Scones* mit *Clotted Cream,* Kuchen und anderes Teegebäck. Tee in einer Suite des Claridge (oben). — Das Teeservice von Brown's und die Speisekarten für den *Afternoon Tea* vom Waldorf, Ritz, Savoy und Brown's Hotel, fotografiert auf einem Dekorationsstoff, der mit Teetassenmotiven aus einem Musterbuch des 18. Jahrhunderts von der Porzellanmanufaktur von Minton bedruckt ist (gegenüberliegende Seite).

AFTERNOON TEA
AT THE SAVOY

The Waldorf

The Ritz
PICCADILLY LONDON
Palm Court Menu

Michael Twomey
Palm Court Manager

Brown's Hotel

№ 66

№ 65

№ 14

mehr. Statt dessen wird ein Tee minderer Qualität aus dem Getränkeautomaten geholt und hastig am Schreibtisch getrunken. Die Tradition des *High Tea* als vollständige Abendmahlzeit, bei dem zu einem kräftigen Tee kalter Braten, Rühreier mit und ohne Schinken, Salate, Obst und Kuchen gereicht werden, hält sich höchstens noch im Norden und in Schottland. Wenn man heute noch das vollständige Ritual des *Afternoon Tea* erleben möchte, dann muß man — wenn man nicht bei der Queen oder beim Landadel eingeladen ist — in die Salons der Grandhotels gehen. Der *Afternoon Tea* wird auch heute noch täglich im Ritz, im Waldorf, im Savoy oder in Brown's Hotel zelebriert. Im Ritz, wo sich Louis Seize und Art Déco-Stile vermischen, fühlt man sich, wenn man dort im gedämpften Licht des Palm Court den Tee einnimmt, weit weg vom lauten Trubel des Picadilly. Palmen, ein mit Meerjungfrauen und Tritonen geschmückter Springbrunnen, die von einer Nymphe verzückt betrachtet werden — dies alles trägt noch mehr zur Unwirklichkeit der Atmosphäre bei. Darjeeling oder Earl Grey wird den Gästen, die der Gelegenheit angemessen gekleidet sind, stilvoll in feinem Porzellan an Marmortischchen ser-

viert. Eine stets gleichbleibende Auswahl von *Finger Sandwiches,* die immer genau einen Inch breit sind und von einem hervorragenden »Sandwich Chef« bereitet werden, wird den Gästen gereicht: Die Sandwiches aus dunklem Brot sind mit hauchdünnen Gurkenscheiben, mit Käsecreme oder mit geräuchertem Lach belegt, die aus Weißbrot mit Schinken, mit Eiern in Senf-Mayonnaise mit Kresse oder mit Cheddar. Darauf folgen köstliche, noch ofenwarme *Scones* mit dicker Sahne und Erdbeerkonfitüre und zuletzt die Kuchen und die Petits Fours.

Aber der *Afternoon Tea,* selbst in einer für heute sinnvoll vereinfachten Form, bleibt dennoch für die meisten Engländer ein besonderer und unverzichtbarer Moment. Auch heute noch würde man in England Paul Morand beipflichten, der in seinem Buch *Nouveau London* 1933 schrieb: »Wenn man gegen fünf Uhr nachmittags sagt: ›Ich habe noch keinen Tee gehabt‹, würde das ein ganzes Haus in Aufruhr versetzen. Selbst Fremde würden einem ›a nice cup of tea‹ anbieten, selbstverständlich Ceylontee, auch wenn er, nachdem Ceylon unabhängig geworden ist, in Argentinien oder auf den Azoren gewachsen ist.«

»Die Tasse Tee bei der Ankunft auf einem Landsitz ist im allgemeinen etwas, was ich besonders genieße. Ich liebe die rotglühenden Scheite im Kamin, das gedämpfte Licht, den Geruch von gebuttertem Toast, die ganze Atmosphäre von behaglicher Nonchalance.« P. G. Wodehouse, *The Code of the Woosters.* Teeservice aus Silber, Schottland (oben). — Gedeckter Teetisch auf einem schottischen Landsitz (gegenüberliegende Seite).

VON DER »BOSTON TEA PARTY« ZUM EISTEE

Wie man sich denken kann, wurde die Tradition der *Tea Time* von den englischen Auswanderern in Amerika fortgeführt. Bereits im siebzehnten Jahrhundert brachten holländische Schiffe den Tee nach Nordamerika. Im Laufe des folgenden Jahrhunderts breitete sich das Teetrinken besonders in den gehobenen Schichten aus. Bei ihnen wurden bereits damals *Tea Parties* veranstaltet. Die vornehmen Familien aus Boston oder Philadelphia versammelten sich um ihre silberne Teekanne und ihr Porzellanservice, die Symbole ihrer gesellschaftlichen Stellung waren. Bald wurde das Teetrinken auch in weniger begüterten Kreisen üblich, und auch hier war es ein Zeichen von feiner Lebensart und herzlicher Gastfreundschaft. In New York galt das Wasser aus einer Pumpe in der Chaham Street als besonders gut für die Zubereitung von Tee. Mit Pferdefuhrwerken zogen Wasserkäufer, die *Tea Water Men*, durch die Straßen und priesen es mit lauten Rufen an. Anfang des achtzehnten Jahrhunderts tranken die Puritaner ihren Tee ungesüßt und mit Salz und Butter vermischt. Doch der überwiegende Teil der Bevölkerung von Neu-England trank grünen chinesischen Tee, der mit Safran, Veilchenwurzelmehl oder Gardenienblüten parfümiert wurde. Diese Gewohnheiten verloren sich im Laufe der Jahrzehnte, aber man blieb bei Tee. Gegen Ende des achtzehnten Jahrhunderts trank ein Drittel der Bevölkerung mindestens zweimal am Tag Tee.

Um 1760 stand Tee auf dem dritten Platz aller nach Neu-England importierten Güter, gleich nach Textilien und Fertigwaren. Daraus versuchte England, das durch den Siebenjährigen Krieg

Zwei Jahre nach der Boston Tea Party gab der Goldschmied Paul Revere, der für seine Teekannen berühmt war, den Ausschlag für den Ausgang der Schlacht von Lexington, dem ersten Scharmützel zwischen den Engländern und den Amerikanern. In der Nacht vom 18. April 1775 stieg er auf den höchsten Kirchturm von Boston, um mit einem Lichtsignal seine Landsleute von der Ankunft der englischen Truppen zu benachrichtigen. Danach veränderte Revere den Stil seiner Silberarbeiten. Während er bisher den Rokoko-Stil bevorzugte, schuf er nun die »patriotischen Teekannen«, die in ihrem schlichten neoklassischen Stil die republikanischen Tugenden symbolisieren sollten. Die Samuels-Familie (oben), Gemälde von Johann Eckstein (1736—1817). — Porträt Paul Reveres von John Singleton Copley (gegenüberliegende Seite).

THE BOSTON TEA PARTY

December 1773

Drawn by H. W. McVickar

Text by Josephine Pollard

Published by

Dodd Mead & Company

755 Broadway New York.

AND A MEETING WAS HELD, WHERE THE PROCLAMATION WAS READ, THAT HAD CAUSED ALL THIS PERTURBATION.

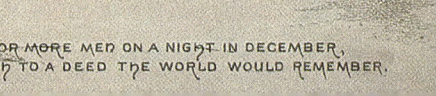

A SCORE OR MORE MEN ON A NIGHT IN DECEMBER, WENT FORTH TO A DEED THE WORLD WOULD REMEMBER.

HE WAS READY TO BURST WITH RAGE NO DOUBT, WHEN THE CLERK IN A LOUD VOICE READ ABOUT

in eine Finanzkrise geraten war, Profit zu schlagen. Es belegte den Tee mit hohen Steuern. Im ganzen Land war dies der Anlaß für ein heftiges Unabhängigkeitsstreben. Die East India Company war zutiefst beunruhigt und veranlaßte eine sofortige Steuerreduzierung. Das genügte jedoch nicht mehr, um die Geister zu beruhigen. Am 16. Dezember 1773 verkleideten sich Mitglieder der Freimaurerloge Saint Andrew in Boston als Mohikaner, enterten die drei im Hafen liegenden Schiffe der East India Company und warfen dreihundertzweiundvierzig Kisten Tee über Bord. Dieser Zwischenfall, ironisch als *Boston Tea Party* bezeichnet, zog weitere Repressalien Englands nach sich. Diese hatten wiederum ähnliche *Tea Parties* zur Folge und endeten schließlich in der Schlacht von Bunker Hill und der amerikanischen Unabhängigkeitserklärung. So hatte also der Tee die Welt verändert.

Seit dem Ende des achtzehnten Jahrhunderts nahm die junge amerikanische Flotte den Teehandel wieder auf. Man versorgte sich jetzt direkt an der Quelle, in China. Der Anstieg der Teeimporte war enorm. Während 1790 ungefähr sechshundert Tonnen Tee importiert wurden, waren es 1825 zehnmal so viel. In Neu-England machte mancher mit dem Teehandel ein Vermögen, das er anschließend in Baumwollspinnereien investierte. Angesichts neuer Einwanderungswellen aus ganz Europa bewahrten diese begüterten Schichten Neuenglands die besten englischen Traditionen. Der Tee wurde auch hier, ebenso wie die Jagd, zu einem Statussymbol der privilegierten Klasse. Zur selben Zeit etablierte sich der

Am Tage nach der Boston Tea Party schrieb John Adams, der daran teilgenommen hatte, in sein Tagebuch: »Das war der beste aller Volksaufstände ... Die Vernichtung des Tees ist so mutig und unerschrocken, so fest und unnachgiebig und von solchen Folgen, daß ich nicht umhin kann, sie als einen Wendepunkt der Geschichte zu bezeichnen.« Ausschnitte aus einem Gedenkalbum, New York, 1882 (gegenüberliegende Seite und oben). – Briefmarken zur Zweihundertjahrfeier der Boston Tea Party (links).

Tee in den vornehmen Familien auf den großen Plantagen der Südstaaten. Mitten in den Sezessionskriegen versorgten Blockadebrecher die großen Plantagen von Louisiana mit Tee, den man fast mit Gold aufwog. Zu Anfang des zwanzigsten Jahrhunderts kam ein gewisser Thomas Sullivan, seines Zeichens Teehändler in New York, auf die Idee, den Tee in kleine Portionsbeutel aus Seide zu füllen. Diese Erfindung setzte sich schnell und dauerhaft durch. Sie sollte leider auch die Kunst der Teezubereitung beeinträchtigen. Vor allem aber hatte sie einen Anstieg der Produktion jener Tees zu Folge, die von minderer Qualität waren und sich besser dazu eigneten, zerkleinert und in Teebeutel abgefüllt zu werden. Etwa zur gleichen Zeit präsentierte der Teehändler Richard Blechynden auf der Weltausstellung von 1904 in Saint Louis den Amerikanern den ihnen bislang unbekannten schwarzen Tee aus Indien. Der damalige Sommer war besonders heiß, und die Besucher drängten sich nicht gerade vor seinem Stand, um heißen Tee zu kosten. Selbst Richard

Blechynden, durstig wie er war, mochte ihn heiß nicht trinken. Da tat er einfach Eiswürfel in ein Glas und goß seinen Tee darüber. So entstand der Eistee, der mehr als einen Neugierigen auf der Weltausstellung erfrischte und sich schnell im ganzen Süden der Konföderation verbreitete.

Noch immer wird viel Eistee in den Vereinigten Staaten getrunken, mit Zucker und Zitrone und manchmal auch mit einem Schuß Rum. So entstand und gedieh die Fabrikation von *Instant Tea,* einem gefriergetrockneten pulverisierten Tee, der sich leicht in kaltem Wasser auflösen läßt. Wahre Teeliebhaber schätzen ihn natürlich nicht. Doch er wird mehr und mehr getrunken und kommt bereits fix und fertig aus Getränkeautomaten. Der »Geist des Tees« wird dadurch sicherlich nicht wenig verfälscht. Doch ohne diese neuen Zubereitungsarten wären die Vereinigten Staaten nicht immer noch der drittgrößte Teeimporteur der Welt, obwohl man dort heute fünfmal mehr Kaffee als Tee trinkt.

»Machen Sie den Kamin in der Bibliothek an und bringen Sie den Tee ... Nachdem sie vor dem Spiegel ihre braunen Haare geordnet hatte, streifte sie ihr spitzenbesetztes Déshabillé aus Samt über, das auf dem Canapé bereitlag. Sie war eine der ersten Frauen von New York, die jeden Nachmittag um fünf Uhr ihren Tee nahm und sich dafür ein Hausgewand anzog.« Edith Warton, *New Year's Day.* Amerikanische Teereklame (oben). — Teeblätter, 1909. Das Gemälde des amerikanischen Malers W. Paxton illustriert einen beliebten Zeitvertreib, die Zukunftsdeutung aus den in der Tasse zurückgebliebenen Teeblättern (gegenüberliegende Seite). — Teestunde in Neu-England, um 1900 (vorhergehende Doppelseite).

TEE AUF FRANZÖSISCHE ART

Bereits Ende der dreißiger Jahre des siebzehnten Jahrhunderts kannte und schätzte man in einigen wenigen Pariser Gesellschaftskreisen Tee. Kurze Zeit später führte Mazarin, der dieses exotische Getränk bekanntlich gegen seine Gicht trank, den Tee bei Hofe ein. Wie in den meisten europäischen Ländern fand auch in Frankreich der Tee zuerst als Heilmittel Beachtung. In der zweiten Hälfte des siebzehnten Jahrhunderts erschien eine Flut von gelehrten Werken, in denen die Eigenschaften des Tees meist gepriesen, oft aber auch verdammt wurden und in denen er mit zwei anderen neumodischen Getränken, Kaffee und Schokolade, verglichen wurde. Im damaligen Frankreich hatten die Medizin und die Kunst des Teegenusses bei weitem nicht den Stand erreicht, den sie in der chinesischen Kultur schon seit langem hatten. So konnte noch 1691 ein gewisser François Massialot den Rat erteilen, man solle den Tee wie Tabak rauchen, nachdem man die Teeblätter mit etwas Branntwein gleichsam wie mit Tau besprengt hätte, und außerdem wäre die Asche, die im Pfeifenkopf übrig bliebe, ganz ausgezeichnet dafür geeignet, die Zähne weiß zu machen …

In jener Zeit kam das Exotische in Mode. Als im Jahre 1700 die *Amphitrite,* das erste französische Segelschiff, das aus China zurückkam, seine kostbare Fracht an Land brachte, stürzten sich die reichen Damen der Gesellschaft auf Seidenstoffe und Wandschirme, auf Lackarbeiten und Porzellan, auf Spezereien wie Rhabarberwurzeln und Kampfer und natürlich auch auf den Tee. In der Zeit Ludwigs XIV. verbreitete sich das Getränk aus dieser chinesischen Pflanze in der gehobenen Gesellschaft. Er wurde nun nicht mehr allein aus Gesundheitsgründen getrunken. Auch wer bei bester Gesundheit war, trank ihn mit Vergnügen. Aber noch immer waren in den Pariser Salons die Meinungen geteilt. Der Tee hatte seine

In Frankreich entstand die Gewohnheit, Milch in den Tee zu tun. Diesen Brauch führte Madame de la Sablière ein, wie Madame de Sévigné berichtet: »Madame de la Sablière nimmt Milch zum Tee, wie sie mir neulich sagte; es schmeckt ihr so.« Tatsächlich hat dieser Brauch einen praktischen Grund. Dadurch, daß man etwas kalte Milch in die Tasse goß, vermied man, daß das empfindliche chinesische Porzellan durch den heißen Tee rissig wurde. Somit wäre das auch der Ursprung des M.I.F. — ›milk in first‹ oder ›zuerst Milch hinein‹ — der Engländer. Eine Frau beim Tee, Gemälde von Chardin (oben). — Die Toilette, Boucher, 1742 (gegenüberliegende Seite). — Ein *Thé à l'anglaise* am Hofe des Prinzen von Conti zu Paris mit dem jungen Mozart am Clavecin, Gemälde von Olivier Barthelemy, 1766 (vorhergehende Doppelseite).

Die Franzosen haben den anregenden Tee stets als nicht geeignet für Kinder angesehen. Trotz dieser Vorbehalte haben Generationen kleiner Mädchen Minia-
tur-Teeservices geschenkt bekommen: »Deine Tante d'Aubert hat mich beauf-
tragt, dir dieses kleine Teeservice zu geben … Sophie ergriff überglücklich das
Tablett mit den sechs Tassen, der Teekanne, der Zuckerdose und dem Milchkännchen aus Silber.« Comtesse de Ségur, *Les Malheurs de Sophie*. Francique
Sarcex bei der Tochter von Adolphe Brisson, Gemälde von M. A. Baschet (oben).
— Die Teetasse, M. A. Baschet, 1896 (gegenüberliegende Seite).

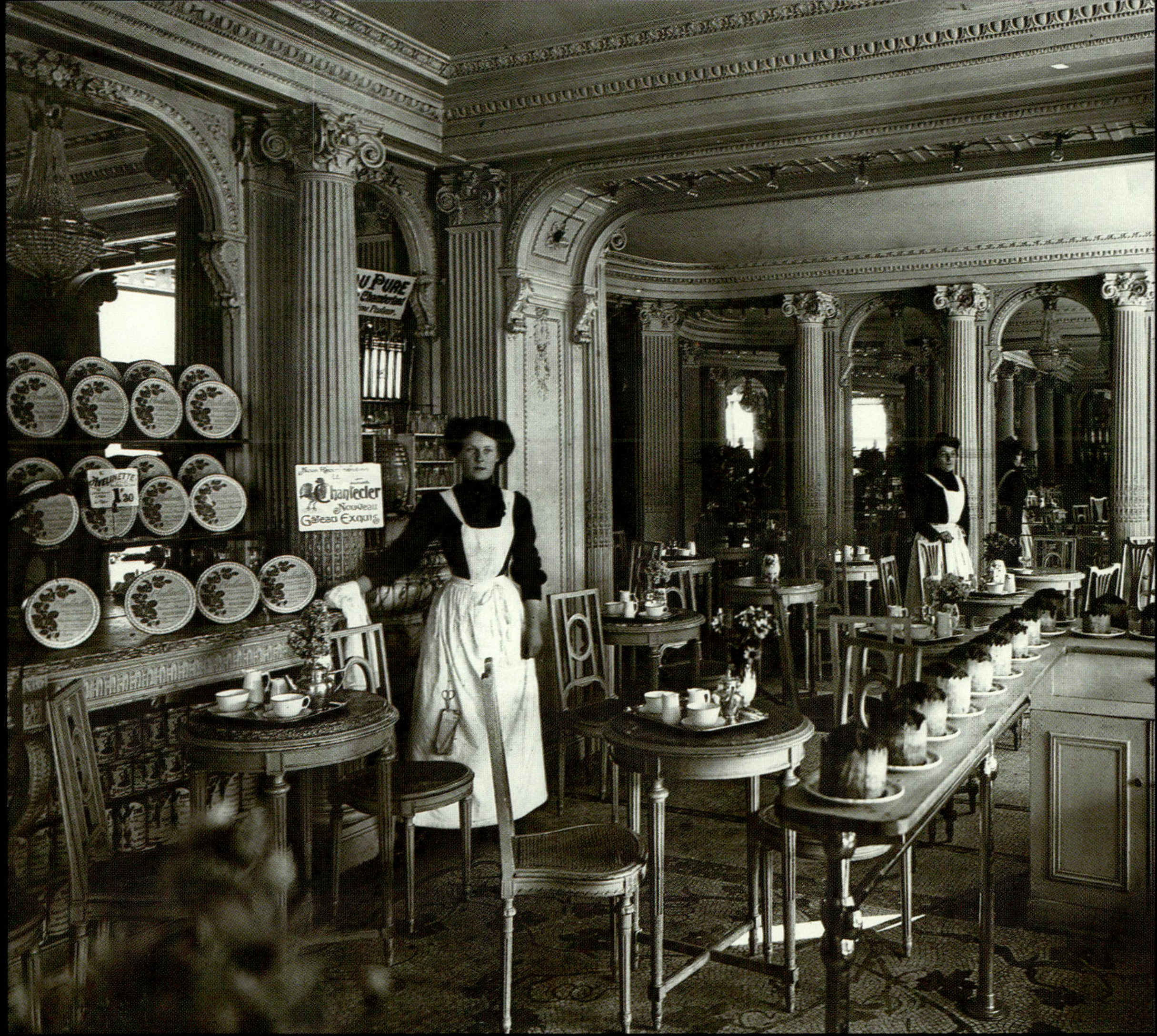
Chantecler
Nouveau
Gâteau Exquis

Thés de Chine
Tchina
Paris
Importation Directe

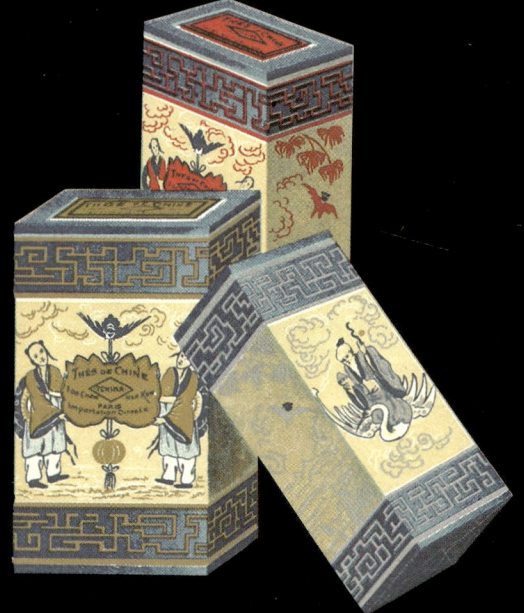

Gegner und Befürworter und war stets ein willkommener Gesprächsgegenstand.

Madame de Sévigné, selbst eine große Teetrinkerin, berichtet folgendes: »Ich habe die Prinzessin von Tarent gesehen, die jeden Tag zwölf Tassen Tee trinkt. Das, so behauptet sie, würde alle ihre Krankheiten kurieren. Sie versicherte mir, daß der Landgraf jeden Morgen vierzig Tassen trinken würde. — Aber Madame, es sind sicherlich nur dreißig … — Nein, es sind vierzig. Er lag fast im Sterben, und der Tee hat ihn zusehends gerettet.« »Tee trinkt man gewöhnlich am Morgen, damit man munter wird und Appetit bekommt«, schreibt Nicolas Audiger in seinen damals sehr geschätzten *Anweisungen*, wie man einen vornehmen Haushalt führen soll. Lieselotte von der Pfalz teilt nicht ganz diese Meinung und spöttelt: »Die katholischen Priester benötigen Tee mehr als die protestantischen, denn er macht keusch.«

In Frankreich war Tee lange Zeit eine große Rarität und sehr viel teurer als Kaffee. Außerdem waren damals für den Tee kostbare Gerätschaften erforderlich: Silbergeschirr und chinesisches Porzellan. Der Kaffee wurde viel schneller populär. Fliegende Händler verkauften ihn in den Straßen, und man servierte ihn in den Kaffeehäusern. Diese kamen gerade in Mode, und bereits 1715 gab es fast dreihundert in Paris. Tee jedoch blieb noch lange ein Vorrecht der Reichen und galt als Zeichen höchster Vornehmheit. Es wundert einen nicht, daß die besten Gold- und Silberschmiede von Paris und die besten Porzellanmodelleure von Vincennes und Sèvres gerade bei Teegeschirr ihr größtes Können zeigten. Es ist wohl seiner anfänglichen Verbreitung in der Pariser Aristokratie zuzuschreiben, daß der Tee in Frankreich zunächst nicht populär wurde. Erst im neunzehnten Jahrhundert probierten das aufkommende Bürgertum und der Adel in der Provinz vorsichtig dieses sonderbare Getränk. Balzac, der ein großer Teetrinker war, beschreibt in *Verlorene Illusionen* eine Madame de Bargeton aus Angoulême, die im ganzen Département eine Abendgesellschaft ankündigt, auf der Eis, Kuchen und Tee serviert werden sollte. Eine aufregende Neuerung in einer Stadt, in der Tee noch immer beim Apotheker

In Frankreich war der *Salon de Thé* — im Gegensatz zum Café — der einzige Ort in der Öffentlichkeit, den eine Frau besuchen konnte, ohne um ihren Ruf fürchten zu müssen. In den *Memoiren eines Mädchens aus gutem Hause* erinnert sich Simone de Beauvoir, daß sie von Studenten aus gutem Hause zum Tee eingeladen wurde, und zwar nicht in die Teesalons, die zu teuer für den Geldbeutel eines Studenten waren, sondern in die Hinterzimmer von Bäckereien, denn »sie gingen nicht in die Cafés und hätten auch auf keinen Fall ein junges Mädchen dorthin mitgenommen«. Teekannen des Grandhotel in Cabourg (oben). — Der Teesalon von Fauchon im Jahre 1910 und alte Teepackungen von Mariage Frères (gegenüberliegende Seite).

verkauft wurde als Mittel gegen einen verdorbenen Magen. Zur gleichen Zeit trank man in England sechsmal Tee am Tag, im Buckingham Palast ebenso wie in den ärmsten Slums von Liverpool.

Gegen Ende des neunzehnten Jahrhundert war das Teetrinken in der eleganten Gesellschaft weit verbreitet. In den Kursälen der Badeorte und auf den blumengeschmückten Terrassen der Grandhotels, wie dem Hôtel du Palais in Biarritz oder dem Grandhôtel in Cabourg, genoß man plaudernd seinen Tee — wie Proust es in seinen Romanen beschrieb —, wenn man ihn nicht in Paris unter den Laubenbögen des Bagatelle-Schlößchens einnahm. Dorthin fuhr man mit dem Landauer, nachdem man sich auf der langen Allee des Bois de Boulogne gezeigt hatte.

Wie schon bemerkt, sind heute in England die *Tea Rooms* nicht mehr allzu häufig anzutreffen. Man muß sich dort schon in die Grandhotels begeben, wenn man stilvoll Tee trinken möchte. In Frankreich dagegen kann man sich rühmen, die *Salons de Thé* erfunden zu haben. In Paris gibt es sie seit

Anfang dieses Jahrhunderts, wie zum Beispiel das Maison Rumpelmeyer, das 1903 von dem österreichischen Konditor Anton Rumpelmeyer gegründet wurde und heute Angélina heißt. Der *Salon de Thé* blieb dem elitären Anspruch treu, den der Tee traditionell in Frankreich hat, und es ist genau das Gegenteil des populären, betriebsamen Bistrot. In die luxuriöse Atmosphäre eines Teesalons zieht man sich zurück, um in aller Behaglichkeit und abseits vom hektischen Treiben genüßlich Tee zu trinken. Verglichen mit dem Pariser Café, dem beliebten Treffpunkt der Künstler und Intellektuellen und der Stätte der französischen Geselligkeit par excellence, wurde der *Salon de Thé* lange Zeit als »verstaubt und langweilig« angesehen. Sicher stimmt sein altmodischer Charme eher melancholisch und träumerisch und regt weniger zu quirliger Betriebsamkeit und lebhafter Diskussion an. Doch dieser Eindruck verliert sich im heutigen Frankreich mehr und mehr, denn Frankreich ist eines der wenigen Länder, in denen der Teekonsum ständig steigt. (In den letzten dreißig Jahren hat er sich

»Odette machte Swann ›seinen‹ Tee und fragte: ›Zitrone oder Sahne?‹ und als er antwortete ›Sahne‹, sagte sie lachend zu ihm ›ein Wölkchen‹! Und als er das gut befand: ›Sehen Sie, ich weiß, was sie mögen.‹ Dieser Tee erschien Swann in der Tat als etwas Köstliches, und … während der ganzen Fahrt in seinem Coupé wiederholte er sich: ›Es sei doch angenehm, so eine kleine Person zu haben, bei der man etwas so Seltenes finden könnte wie einen guten Tee.‹« Marcel Proust, *Un amour de Swann.* Die Teestunde im Restaurant de la Cascade um 1900, Bois de Boulogne (oben). — Im vertraulichen Gespräch, Gemälde von G. Croegaert, 1908 (gegenüberliegende Seite).

verdoppelt.) Überall in Paris und in den größeren Provinzstädten entstehen neue Teesalons. Sie sind einladender geworden, weniger steif und pompös. Sie ziehen eine immer jüngere Klientel an. Die Franzosen sind immer an exotischen Speisen und Getränken interessiert, aber dabei auch stets auf unverfälschte Qualität bedacht. In den besseren französischen Teesalons kann man eine Unmenge verschiedener Tees probieren. Der französische Teehandel hält heute für den neuen Gourmet

wohl die größte Auswahl und wahrscheinlich die raffiniertesten Teemischungen und Aromen in der ganzen Welt bereit. Seitdem drängen sich die Kunden bei bestimmten Pariser Teehändlern, um eine oder mehrere der dreihundert Teesorten zu kaufen, die in den Katalogen aufgeführt sind. Die Tees werden lose verkauft, so daß man vorher ihr Aroma prüfen kann — falls man es nicht vorzieht, Tee in kleinen Beuteln aus Baumwollmusselin zu kaufen, in denen selbst die besten Teesorten ihr

»An dem Tag, an dem ich mit Vincent eine Unterhaltung hatte, die ich mir gemerkt habe, weil sie mich amüsiert hat, haben wir Tee in dem englischen Pub in der Nähe von Saint-Sévérin getrunken, wo es eine gute Zitronentorte gibt. Das war keine Belohnung für ihn, denn er hatte es keineswegs verdient. Wir hatten einfach Lust, uns zu unterhalten. Vincent ist elf Jahre.« F. Mallet-Joris spielt hier in diesem kurzen Abschnitt aus *La Maison de Papier* auf den Tea Caddy an, den englischsten aller Pariser Teesalons. Weitere bemerkenswerte Pariser Teesalons sind Le Loir dans la Théière und Les Contes de Thé (oben), sowie Angelina mit seiner vornehmen Innenausstattung (gegenüberliegende Seite).

Aroma voll entfalten können. In diesen Teeläden werden die Mischungen nur aus den besten Teesorten zusammengestellt, und die Tees werden ausschließlich mit natürlichen Essenzen aromatisiert.

Diese »Tees auf französische Art« sind, was ihre Qualität betrifft, einzigartig auf der Welt. Seit einigen Jahren werden sie — genauso wie der Champagner oder die Haute Couture — ins Ausland exportiert. Es ist also keineswegs paradox, daß man heute ein Mitglied der englischen Königsfamilie in der Londoner Filiale eines bekannten französischen Teegeschäfts antrifft oder beobachtet, daß sich in den großen Kaufhäusern Tokios die Kunden drängen, um *thé français* zu kaufen.

Der Tee steht heute in Konkurrenz zu einer großen Flut von Softdrinks. Um den Niedergang aufzuhalten, müssen neue Mittel und Wege gefunden werden. Zwei entgegengesetzte Möglichkeiten bieten sich an, die vielleicht mit althergebrachten Traditionen brechen: Industrie oder eine neue Stilisierung. Als Antwort auf die neuen Verbrauchergewohnheiten, die zum Erfolg der Softdrinks beitrugen, produziert die Teeindustrie seit etwa zwanzig Jahren verstärkt Teebeutel und in geringerem Maße auch Instant Tees sowie Fertiggetränke. Diese Anpassung an moderne Konsumgewohnheiten hat einige Anbauländer wie etwa Indonesien veranlaßt, ihre guten, aber weniger gewinnbringenden Teesorten aufzugeben und Tees von minderer Qualität zu produzieren. Die zweite Möglichkeit ist genau das Gegenteil davon. In verstärktem Maße begibt sich der Teehandel, besonders in Frankreich, auf eine andere Ebene als die, auf der sich Coca-Cola findet. Man bemüht sich, einer ständig wachsenden Zahl von Verbrauchern die subtilen Geschmacksnuancen dieses kostbaren Getränks nahezubringen. Diese Bemühungen sind so erfolgreich, daß heute die Nachfrage nach Qualitätstees bereits das Angebot übersteigt. Das ermutigt Anbauländer, sich erneut mit Hingabe ihren Teegärten zu widmen. Wenn also dank einer Industrie, die geschickt auf die modernen Konsumgewohnheiten eingeht, der Teeverbrauch nicht zurückgegangen ist, so verdankt man dies letztlich dem Umstand, daß immer mehr Teeliebhaber es verstehen, auf tausend und eine Art ihre Teestunde zu begehen und andere dafür zu gewinnen.

Die Begeisterung der Franzosen für den Tee kommt nicht nur in den Teesalons und den Teegeschäften zum Ausdruck. Auch Goldschmiede und Lederwarenhersteller liefern ihren Beitrag zur feinen Lebensart der Teeliebhaber. Man läßt die Mode des Tees im Grünen mit Weidenkörben, die mit Thermosbehältern und kompletten Teeservices bestückt sind, wieder aufleben; man hat wieder Reisenécessaires wie das von Vuitton (oben). In den letzten Jahren trieb das Haus Christofle den Luxus auf die Spitze und bot zu einem neuen Teeservice aus Silber mit Ebenholzgriffen auch eine besondere Teemischung aus chinesischen Rauchtees an. — Ein herausragender Vertreter der Pariser Eleganz, Jean-Louis Dumas-Hermès, trinkt seinen Lieblingstee aus einer Porzellantasse von Limoges, die selbstverständlich mit einem exklusiven Hermès-Design verziert ist.

DER GESCHMACK DES TEES

Catherine Donzel

»Englischer oder chinesischer Tee?« In den frühen Morgenstunden, im kühlen Schatten der grün-weißen Markisen auf der Terrasse des Hotels Raffles in Singapur oder in der stucküberladenen Eingangshalle des Hotels Peninsula in Hongkong stellt der asiatische Kellner dem europäischen Touristen jedesmal die gleiche Frage: »Möchten Sie englischen oder chinesischen Tee?« Wenn der Reisende den englischen wählt, bekommt er zum Frühstück Teebeutel mit starkem, schwarzen Tee, der wahrscheinlich aus Ceylon kommt. Da dieser Tee zu lange in der Kanne gezogen hat, muß man Milch hinzugeben, um den bitteren Geschmack zu mildern. Wenn sich der Gast aber aus Neugier für »chinesischen Tee« entscheidet, wird er vielleicht den amüsierten Blick des Kellners bemerken. Dieser weiß aus Erfahrung, daß der Europäer wahrscheinlich von dem bestellten Tee überrascht sein wird. Denn es wird ihm ein halbfermentierter Tee serviert, ein Oolong mit ganzen Blättern von heller Farbe mit einem erfrischenden, blumigen Geschmack. Es kann sein, daß der nun unsicher gewordene Europäer Zucker und Milch zufügt, ohne damit allerdings den gewohnten Teegeschmack auch nur entfernt zu erreichen. Für den chinesischen Kellner, der daran gewöhnt ist, bedeutet das einen wahren Frevel, doch er läßt es sich nicht anmerken. Aber ist die Unwissenheit seines Gastes nicht vergleichbar mit der einiger reicher Asiaten, die

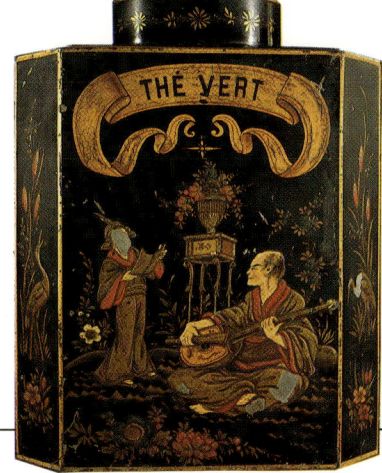

einen superben Cognac mit Sodawasser verlängern?

Jahrzehntelang haben sich die westlichen Teetrinker nach dem englischen Geschmack gerichtet. Gewiß, es war seit langem bekannt, daß es verschiedene Teesorten gibt und daß jede ihren besonderen Geschmack hat. Am Ende des siebzehnten Jahrhunderts trank man in Europa grünen Tee, da er als erster importiert wurde. Ein Jahrhundert später war man in ganz Europa, von Paris bis St. Petersburg, von dem lieblichen und aromatischen Geschmack der schwarzen chinesischen Tees begeistert, und man ergötzte sich an den »Blumentees« oder »Aromatees«.

Andererseits haben Tees wie der Karawanentee, der von Karawanen durch die Wüste Gobi von China nach Rußland gebracht wurde, durch den Beigeschmack von Abenteuer ganze Generationen von Teetrinkern gefangen genommen. Doch seit 1850 vereinheitlichte sich im Westen nach und nach der Geschmack, und dieser Vereinheitlichung konnten sich nur wenige geschmacksbewußte Individualisten entziehen. England, das den Teeanbau in seinen Kolonien eingeführt hatte und seitdem das Handelsmonopol besaß, gelang es, den Westeuropäern seine Geschmackskriterien aufzuzwingen. Folglich gab es keine anderen Tees als die starken, kräftig bernsteinfarbenen Ceylon- oder Assamtees.

Diese Standardtees wurden von den großen englischen Teefirmen international vertrieben.

»Es war immer das gleiche Ritual. Miss Lisle trank ihren Lapsang Souchong stets ohne Milch und Zucker mit zwei dicken Scheiben Zitrone, die in die Teekanne gelegt wurden, bevor das kochende Wasser hineingegossen wurde.« P. D. James, *The Skull beneath the Skin.* Bemalte Teedose, Frankreich, Ende 19. Jahrhundert, aus dem Musée du Thé von Mariage Frères, Paris (oben). — *Early Morning Tea* in einem Gasthaus in den Cotswolds (gegenüberliegende Seite). — Vorbereitungen für eine Teeprobe, London Centre of the Tea Trade (Seite 196).

So wurden die Mischungen aus kräftigen indischen Tees für die meisten Europäer zur absoluten Norm. Bei vielen herrscht die Meinung, daß dies der wahre Tee sei, noch heute vor. Sie wird indessen der unendlichen Vielfalt der Teesorten nicht gerecht. Es gibt in China mehr Teesorten als in Frankreich Weine, und jedes Anbaugebiet produziert seinen eigenen, unverwechselbaren Tee. Auch ist der Geschmack der Darjeelingtees je nach Jahreszeit verschieden, und am selben Teestrauch haben die Knospe und das voll entfaltete Blatt andere Geschmackseigenschaften. Erst wenn man das weiß, kann man sich eine Vorstellung davon machen, was Tee eigentlich ist.

Auch bei der Erkundung der verschiedenen Geschmacksrichtungen, die die Tees aus Indien, Japan, China oder Afrika aufweisen, sollte man ebenfalls mit Bedacht und Unterscheidungsvermögen vorgehen. Es gibt Tees für jede Tageszeit und für jeden Geschmack. Es gibt ganz außergewöhnliche Tees, die man mit den Weinen eines

großen Jahrgangs vergleichen kann, und sehr ordentliche Tees, die wie gute Tischweine für den täglichen Verbrauch bestimmt sind. Deshalb sollte man keinen weißen Tee trinken, der einer der besten auf der Welt ist, wenn man noch kein Kenner ist. Einem noch wenig erfahrenen Teetrinker erscheint der Aufguß dieser hellsamtigen Teeknospen, der fast kristallklar bleibt, schlichtweg fade — ein Risiko, das man nicht eingehen sollte, zumal wenn man den Preis dieses Tees bedenkt!

Wenn man einen kräftigen, würzigen Tee bevorzugt, muß man sich erst nach und nach an die grünen und die halbfermentierten Tees gewöhnen, deren Aufguß zart und delikat ist. Man kann davon ein oder zwei Meßlöffel seinem gewohnten Tee beimischen oder sie zu bestimmten Gerichten trinken, die ihren Charakter hervorheben. Im übrigen scheinen die Verbraucher von sich aus dazu zu neigen, sich schrittweise mit der Vielfalt der Tees vertraut machen. So kann man in Frankreich feststellen, daß dank der aromatisierten

Bis zum Zweiten Weltkrieg wurde der europäische Teehandel im wesentlichen über London abgewickelt, aber auch über Amsterdam, das ein bedeutendes Zentrum für Teeauktionen war. Heute versorgt sich Kontinentaleuropa mit Tee aus der ganzen Welt in Hamburg. Zwei Drittel des gesamten Teehandels wird auf Teeauktionen abgewickelt. Dabei verlassen sich die Käufer ganz auf ihren *Tea Taster*, der sehr schnell handeln muß. Denn erst kurz vor den Auktionen kann anhand von Proben die Qualität der eingetroffenen Teepartien beurteilt werden. Teeprobe in Hamburg (oben). — Teehändler in Kurseong, Bengalen (gegenüberliegende Seite).

Tees, für die sich das Publikum in den siebziger Jahren begeisterte, eine neue Generation von Teetrinkern herangewachsen ist. Die aromatisierten Tees sind übrigens eine ideale Einführung: Man erkennt darin bekannte oder exotische Aromen wieder, die nach und nach zu selteneren Geschmacksnuancen hinführen, und vom Geschmack der Blumen und Früchte kommt man allmählich auf den Geschmack des Tees.

Jedes Teeblatt birgt in sich die Erinnerung an seine Heimaterde. Tee aus der Ebene oder von den Bergen, zarter Frühlingstee von den Ausläufern des Himalaya oder goldbraun gefärbter Tee vom heißen singhalesischen Sommer — jedes Gewächs hat seine Eigenart, und jede Tasse Tee ist eine Einladung zu einer Reise. Allein schon der Name der verschiedenen Teeanbaugebiete ist eine Verlockung, dorthin aufzubrechen, und die Namen der Teegärten sind es noch viel mehr. Viele von uns haben schon einmal nach einem bestimmten Tee gegriffen, nur weil der exotische Name auf einer buntbemalten Blechbüchse im Regal des Teegeschäftes so verlockend war. Das wissen im übrigen die Teehändler sehr genau, denn sie erfinden für ihre Hausmarken und für einige der neu importierten Mischungen wahre Märchennamen.

In China numeriert man die Hauptsorten der Tees, und zwar nur für den Export. Für die zum Verbrauch im Lande bestimmten Tees ha-

ben die Händler eine ganze Palette von pittoresken und poetischen Bezeichnungen. Nur selten trägt ein chinesischer Tee den Namen der Provinz oder des Ortes, woher er kommt. Die unzähligen verschiedenen Tees haben Namen von Blumen, Flüssen, Sagengestalten oder Gottheiten erhalten, und nicht zu vergessen Namen aus der allmächtigen Familie des schwarzen Drachens, die im »Lande der zehntausend Tees« besonders weit verbreitet sind.

Die Magie der Worte ist eine der Verlockungen des Tees. Doch ein Teeliebhaber, der sich noch nicht genau auskennt, wird dadurch auch oft verwirrt und getäuscht. Bevor man mit den einzelnen Tees aus den verschiedenen Teegärten und Herkunftsländern herumexperimentiert — was bereits eine solide Kenntnis voraussetzt —, sollte man sich darüber klar werden, was man von einer Tasse Tee erwartet. Sucht man einen kräftigen und würzigen Tee zum Frühstück oder lieber einen leichten, die Verdauung anregenden Tee als angenehmen Abschluß einer Mahlzeit? Möchte man einen erfrischenden, vitaminreichen Tee, der tagsüber den Durst löscht, oder einen lieblichen, aromatisierten Tee mit einem geringen Teingehalt für den Abend? Es gibt Tees für jede Gelegenheit. Es genügt, wenn man sich an den großen Geschmackskategorien orientiert, die der europäische Teehandel für die verschiedenen schwarzen, grünen und halbfer-

Räucherfisch und gekochte Eier zum *High Tea*, wie man ihn in Yorkshire auf den Tisch bringt (oben). — Chinesische Teekannen mit hohen Henkeln, wie sie in China auch für Wein verwendet wurden (unten links). — Das Geschäft Tee-Import in Basel und sein Eigentümer (gegenüberliegende Seite).

mentierten Tees festgelegt hat. Lange bevor die Europäer Ordnung in die unendliche Vielfalt der Tees zu bringen begannen, haben die Chinesen eine eigene Klassifikation entwickelt. Sie beruht auf der Farbe des Teeaufgusses — rot, grün, weiß oder gelb — und zudem auf einer so ausgeklügelten Wissenschaft vom Tee, wie sie von den Europäern niemals erreicht wurde. Bis etwa 1945 wurden im Westen die Tees ausschließlich nach ihrer Herkunft (Indien, China, Ceylon etc.) klassifiziert. Aber die Herkunftsbezeichnung allein genügt nicht, wenn man sich ein Urteil über den Geschmack eines Tees bilden möchte. Es gibt zahlreiche Teesalons, die zum Beispiel »chinesischen Tee« anbieten. Das hat keinen Sinn und beweist nur, daß man sich daran gewöhnt hat, die Bezeichnung »chinesisch« mit dem einzigartigen Rauchgeschmack der Tees aus der Provinz Fukien zu verwechseln. Dabei bleibt außer acht,

daß die chinesischen Teegärten auch andere Tees produzieren, so halbfermentierte und eine große Anzahl von grünen. Die Bezeichnungen »Assam« oder »Ceylon« sind ebenfalls vorschnelle Verallgemeinerungen. Diese würzigen, magenstärkenden Morgentees zeigen oft viel mehr Finesse, als man meinen möchte. Sie eignen sich daher auch vorzüglich für die *Nice Cup of Tea* am Nachmittag. In vielen Fällen macht allein die Beschaffenheit des Blattes — ganz oder gebrochen — den Unterschied aus.

Die westlichen Experten haben daher seit etwa fünfzig Jahren eine neue Klassifikation eingeführt. Dabei wird der Grad der Fermentierung ebenso berücksichtigt wie die Fabrikationsmethode und der Blattgrad, der von der Größe und Form des Blattes bestimmt wird. Diese Kriterien bestimmen eine breite Palette von verschiedenen Geschmackseigenschaften, aus denen jeder nach Lust und Laune seine Wahl treffen kann.

Um die Eigenschaften eines Tees zu beschreiben, benutzen die professionellen Teekoster ein ebenso pittoreskes Vokabular wie die Önologen für den Wein. Ein Blatt von schönem Aussehen ist »gut gearbeitet«. Der Geschmack eines Aufgusses kann »verbrannt« sein, wenn das Blatt zu stark erhitzt wurde. Ein Tee kann »müde« sein, wenn er überaltert ist und kein Aroma mehr hat. Ein Mitglied des U.S. Board of Tea Experts bei einer Teeprobe in New York im Jahre 1940 (oben). — Chinesische Teeschale, englische Teekanne und chinesische Teekiste im Musée du Thé, Mariage Frères, Paris (unten). — Tees im Geschäft von Mariage Frères, Paris (gegenüberliegende Seite).

157

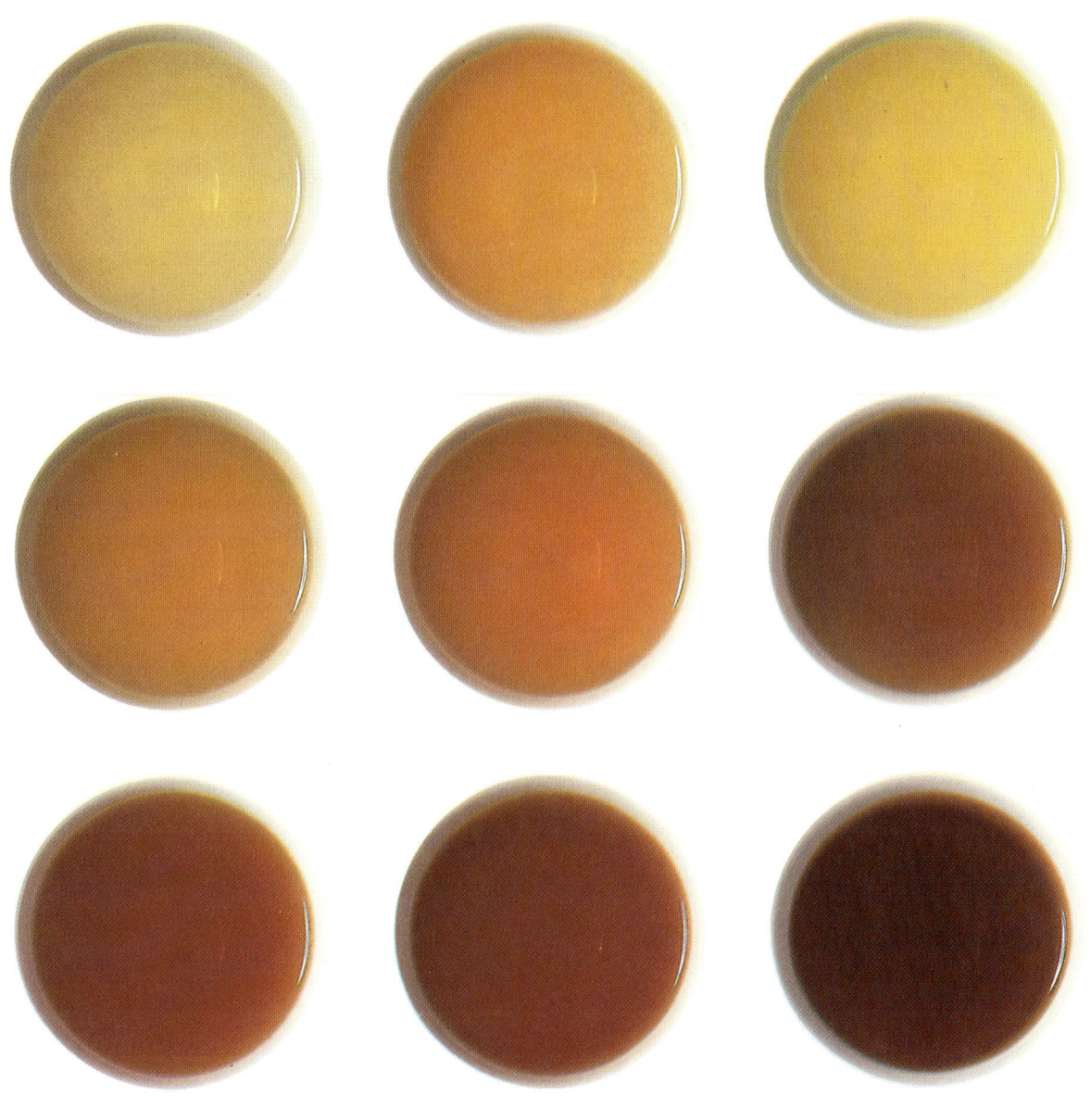

»Man hat die Eltern zu einer Teeprobe eingeladen ... und beginnt mit den zartesten Tees, den Tees aus China, die noch einen feinen Lackduft haben, den fast farblosen Tees aus Formosa mit ihrem Blumenduft, den russischen Tees, die so subtil sind ... « Jacques Chardonne, *Les Destinées sentimentales.* Farbabstufungen verschiedener Tees nach Mariage Frères, Paris: Von links nach rechts und von oben nach unten: Yin Zhen (weißer Tee), Lung Ching (grüner China-Tee), Sencha Honyama (grüner japanischer Tee), Ti Kuan Yin (halbfermentierter Tee aus Formosa), Darjeeling »First Flush« T.G.F.O.P., Orange Pekoe (Ceylon), Darjeeling Broken Pekoe Souchong, Uva Highlands B.O.P. (Ceylon), Fannings B.O.P. (Kamerun).

FARBE UND GESCHMACK

Einer Legende zufolge soll der schwarze Tee dem purem Zufall seine Entstehung verdanken. Auf einer überlangen Fahrt von China nach Europa soll einst grüner Tee im Laderaum eines Ostindieneseglers fermentiert haben. Die Europäer waren vom Geschmack dieses Zufallsproduktes so angetan, daß sie die Chinesen überredeten, diesen neuartigen Tee zu fabrizieren. Natürlich beruht diese Anekdote nicht auf historischer Wahrheit, aber sie macht deutlich, daß die Vorliebe für den schwarzen Tee etwas typisch Westliches ist und nicht dem Geschmack der Asiaten entspricht. Diese neigen seit jeher dazu, dem subtileren Aroma der grünen und halbfermentierten Tees den Vorzug zu geben. Im übrigen wird der schwarze Tee in großen Mengen nur in Ländern wie Indien, Ceylon und Afrika hergestellt, wohin er zuerst auch von den Europäern gebracht wurde. In Japan gibt es keine fermentierten Tees, und in China werden sie nur für den Export hergestellt.

Die Vorliebe für **schwarzen** Tee geht bei den Europäern Hand in Hand mit der Vorliebe für süßes Gebäck. Das abgerundete, liebliche Aroma des schwarzen Tees verträgt sich ausgezeichnet mit dem Geschmack von Süßem. Nur schwarzer Tee verträgt — manchmal! — ein Wölkchen Milch. Was seine goldbraune Farbe betrifft, so verlockte sie alle jene zum Trinken, die daran gewöhnt waren, sich am rötlichen und ockergelben Farbspiel von Wein und Bier in ihrem Glas zu erfreuen. Die Farbe des schwarzen Tees war den Europäern entschieden vertrauter als das Blaßrosa oder Jadegrün der im Fernen Osten so geschätzten halbfermentierten oder grünen Tees. Man stellt schnell fest, daß es auch Unterschiede zwischen den einzelnen schwarzen Tees gibt. Diese Unterschiede werden heute in wenigen Großbuchstaben verschlüsselt, die gewöhnlich nach der Herkunftsbezeichnung in den Katalogen der Teehändler oder auf den Verkaufspackungen zu lesen sind: B.O.P., G.F.O.P. oder F.T.G.F.O.P. — wenig verlockende Bezeichnungen, die lediglich die Form des Teeblattes angeben.

Von den schwarzen Blatt-Tees — das sind Tees aus ganzen Blättern — ist die feinste Handelssorte der Flowery Orange Pekoe (F.O.P.). Diese Tees stammen aus einer frühen, besonders sorgfältig ausgeführten Pflückung und bestehen nur aus der geschlossenen Blattknospe und den beiden jüngsten Blättchen. Das Wort Pekoe stammt vom chinesischen *Pak-ho,* was soviel wie die feinen Haare eines Neugeborenen bedeutet. In Anlehnung daran bekam die mit einem feinen Flaum überzogene Frühlingsknospe des Teestrauchs diese Bezeichnung.

»Orange« ist nicht, wie häufig geglaubt wird, eine Farb- oder Aromabezeichnung, sondern erinnert an den Namen der Nassauer, die Prinzen von Oranien wurden. Es ist eine Qualitätsbezeichnung, die ehedem wahrscheinlich von holländischen Kaufleuten eingeführt wurde. Die Blätter eines Flowery Orange Pekoe sind leicht an ihrem schönen Aussehen erkennbar. Sie sind sehr fein, der Länge nach gerollt und übersät mit goldfarbenen *Tips,* den Knospenspitzen. Je mehr *Tips* ein Tee aufweist, desto höher ist sein Preis. Vom Golden Flowery Orange Pekoe (G.F.O.P.) bis zum Finest Tippy Golden Flowery Orange Pekoe (F.T.G.F.O.P.) führt eine Stufenfolge zu immer helleren und edleren

»Man trinkt Tee, um den Lärm der Welt zu vergessen«, schreibt der chinesische Weise T'ien Yiheng. Tee-Utensilien aus dem heutigen China: wattierte Körbe zum Warmhalten der Teekanne (1), Teeservice, Anfang 20. Jahrhundert (2), halbfermentierter Tee mit Jasminblüten (3), Teedose aus Zinn (4), verschiedene Packungen mit halbfermentiertem Tee (5, 6, 8), Blechbüchse (7), Blechbüchsen mit gepreßtem Tee (9, 11), Blechbüchsen von Fook Ming Tong, einem Teegeschäft in Hongkong (10), fotografiert im Musée du Thé, Mariage Frères, Paris (folgende Doppelseite).

Tees, die schließlich fast nur noch aus *Tips* bestehen.

Blatt-Tees dieser Kategorie, aus welchem Anbaugebiet sie auch stammen, ergeben nie einen kräftigen Aufguß. Man kann jedoch einen edlen Tee mit vollem Aroma erwarten. Je nach dem Zeitpunkt der Ernte können zum Beispiel Darjeeling-Tees dieser Kategorie ein subtiles Aroma entwickeln, das an die feinen halbfermentierten China-Tees erinnert. Der Flowery Orange Pekoe ist der ideale Nachmittagstee, wie auch der Orange Pekoe, der ebenfalls aus einer sorgfältigen, aber späteren Pflückung stammt. In diesem Reifestadium weist der Tee keine hellen Spitzen mehr auf, und das größer gewordene Blatt hat eine längere, sehr elegante Form.

Es gibt weitere schwarze Blatt-Tees, die aus gröberen Pflückungen stammen und fast ausschließlich in weiterverarbeiteter Form in den Handel kommen. So wird zum Beispiel der Pekoe, der vom dritten Blatt des Teestrauchs stammt, meist für Mischungen verwendet. Und der Souchong mit seinen großen, festen, dunkelgrünen Blättern, deren Flavour einen leichten Holzton aufweist, eignet sich besonders für die Herstellung von Rauchtees wie Lapsang Souchong und Tarry Souchong.

Erwartet man von seiner ersten Tasse Tee am Morgen anregende Kraft und herzhaften Tanningeschmack, dann sollte man einen Tee mit gebrochenen Blättern wählen, einen Broken-Tee. Im Gegensatz zu einem weitverbreiteten Vorurteil sind die Kurzblatt- oder Broken-Tees durchaus nicht von schlechterer Qualität als die Blatt-Tees. Sie werden lediglich nach einer speziellen Methode hergestellt, damit sie einen besonders kräftigen Aufguß ergeben.

Der beste dieser Tees ist der Broken Orange Pekoe (B.O.P.). Er ist kein Abfallprodukt, sondern besteht aus gebrochenen Blättern allerbester Qualität und enthält goldfarbene Spitzen, wenn er zum Teil aus Flowery Orange Pekoe hergestellt wurde. Meist ist er ziemlich teuer, da seine Herstellung oft von Hand erfolgt und sehr aufwendig ist.

Der Dust und die Fannings sind ganz fein gebrochene Tees. Sie ergeben einen noch kräftigeren Aufguß, da sie besonders gut extrahieren. Sie werden hauptsächlich für die Herstellung von Teebeuteln verwendet. Broken, Dust und Fannings vertragen etwas kalte Milch und ein Stück Zucker — wenn man nicht darauf verzichten möchte.

Der **grüne Tee** ist das Gegenteil des schwarzen. Bei ihm tauscht man den herben Geschmack gegen einen frischen. Von der braunen Farbe wechselt man zur exquisiten Blässe, und vom abendländischen Tisch begibt man sich zum buddhistischen Tempel. Man ist weit entfernt von *Tea Parties* und dem gewohnten Morgentee. Man ist ganz einfach im Orient. Und die in Europa geläufige Klassifikation der Tees ist hier nicht mehr verbindlich. Bei grünen Tees haben Bewertungen wie Körper und Fülle keine Gültigkeit, und die verschiedenen Blattgrade, die beim schwarzen Tee ein ganzes Geschmacksspektrum bezeichnen, sind hier bedeutungslos. Mit Ausnahme des Matcha, eines pulverisierten Tees aus Japan, bestehen die unfermentierten Tees immer aus ganzen Blättern, und die Tees, die in dieser Art in Europa auf den Markt kommen, stammen meist aus den Feinpflückungen. Durch örtlich unterschiedliche Anbau- und Fabrikationsmethoden ergibt sich jedoch eine Fülle von Geschmacksnuancen. So unterscheiden sich

Japanische Teehändler bei der Auswahl von Tees, die von einer amerikanischen Firma angeboten werden. Es handelt sich wahrscheinlich um schwarze Tees, denn Japan exportiert nur wenige grüne Tees, importiert aber eine große Menge fermentierter Tees (gegenüberliegende Seite).

die grünen Tees aus China oder Formosa erheblich von denen, die nach japanischen Methoden verarbeitet wurden.

In den besten Qualitäten werden chinesische Tees im allgemeinen mit ungerolltem Blatt angeboten. Das Blatt hat dann eine schöne grau-grüne Farbe. Bei großen Tees ist es sehr silbrig, wie etwa beim Dong Yang Dong Bai, der ausschließlich aus flaumigen Spitzen und ganz zarten Blättchen besteht. Die Farbe des Aufgusses ist kristallklar und variiert vom grünlichen Orange bis zum hellsten Rosa. Das Aroma ist zart und lieblich. Es gibt auch andere Qualitäten, deren Blatt sorgfältig zur Kugel gerollt wird. Diese werden allerdings von den Chinesen weniger geschätzt. So zum Beispiel der Hyson, dessen Blatt zu feinen Perlen gerollt wird und der im neunzehnten Jahrhundert der bekannteste grüne Tee war, oder der Gunpowder (Schießpulver), der zu regelmäßigen schrotähnlichen Körnern gerollt wird. Mit frischer Minze vermischt, ist er in mohammedanischen Ländern das beliebteste Getränk.

In Japan, wo man ausschließlich grünen Tee produziert, gibt es zahlreiche Teevarietäten. Doch da sie bereits im Lande verbraucht werden, gelangen nur wenige in den Export. Es sind ungemein erfrischende Tees, die völlig im Einklang mit der Natur jener Gärten stehen, in denen sie wachsen. Der Aufguß ist dunkler als der der chinesischen Tees und variiert von Jadegrün bis zu hellem Gelb. Auch die Blattfarbe ist von einem kräftigeren Grün. Der Geschmack hat die aromareiche Fülle von frisch geschnittenen Kräutern. Für den Europäer sind diese Tees eine Überraschung. Man muß ein Kenner sein, um die Einzigartigkeit des Gyo-kuro, des »kostbaren Taus«, würdigen zu können, der drei Wochen vor der Pflückung der Blattknospen mit dunklen Planen überdeckt wird, damit sich der Chlorophyllgehalt der Blätter erhöht und sie eine schöne dunkelgrüne Farbe bekommen. Ohne »Initiation« kann man den einzigartigen Matcha Uji nicht so würdigen, wie er es verdient. Das jadegrüne Pulver, mit klarem Wasser verquirlt, ergibt ein exquisites und stärkendes Getränk. Es ist ratsam, zuerst die Sencha-Sorten zu versuchen. Dies sind ausgezeichnete Tees. Sie erfordern jedoch einen weniger hoch entwickelten Geschmackssinn als die beiden zuerst genannten, ebenso wie die Bancha, die in Japan so getrunken werden wie bei uns die Tischweine.

Die Qualität eines grünen Tees wird nach seinem Aroma beurteilt, das ausgeprägt sein soll, und überdies nach der Nachhaltigkeit seines Geschmacks. Die großen japanischen Tees sind daran zu erkennen, daß sie auf besondere Art den Gaumen mit einem langdauernden, duftigen und leicht süßlichen Geschmack erfüllen. Manchmal tendiert der grüne Tee zum Bitteren. Manche mögen das vielleicht nicht, obwohl der bittere Geschmack allgemein als ein Kennzeichen des Tees gilt und daher meist geschätzt wird. Falls man auf dieses Bittere als Geschmacksmerkmal verzichten möchte, kann man einfach den grünen Tee kurz mit heißem Wasser übergießen und dieses abschütten, bevor man den Tee in frischem Wasser ziehen läßt. Die unfermentierten Tees sollen pur getrunken werden — ohne Milch und Zucker. Da sie die Verdauung anregen, eignen sie sich vorzüglich als Getränk zu den Mahlzeiten. Da sie überdies entspannend wirken, kann man sie auch je-

»Wenn sich im Inneren der Teekanne alles vollzogen hat, und der Tee, die Minze und der Zucker sich mit dem Wasser vermischt, es gefärbt und gesättigt haben …, dann muß man ein Glas zur Hälfte füllen und wieder in die Mischung zurückschütten, um sie noch gründlicher zu mischen. Danach muß man warten, warten ohne sich zu rühren. Schließlich muß der Tee von hoch oben, wie ein grüner Wasserfall, dessen Anblick und Rauschen faszinieren, von neuem in das Glas fließen. Jetzt kann man trinken und dabei träumen, mit leicht geneigter Stirn und weit gespreizten Fingern, denn das Glas ist brennend heiß.« Simone Jacquemard, *Le Mariage berbère*. — *Thé à la menthe* und orientalische Süßigkeiten (gegenüberliegende Seite).

derzeit tagsüber trinken. Man sollte aber bedenken, daß sie einen hohen Gehalt an Vitamin C haben, so daß es nicht ratsam ist, sie am Abend zu trinken. Sie regen an, ohne aufzuregen, und man sagt ihnen nach, daß sie die geistigen Fähigkeiten steigern.

Das Teeblatt soll »Falten haben wie die Lederstiefel der tartarischen Reiter, Locken wie die Wamme eines mächtigen Büffels und sich entfalten wie Nebel, der aus einer Bergschlucht aufsteigt«. So beschreibt Lu-Yün, der Autor des *Chaking*, das seit dem achten Jahrhundert die Bibel des Tees ist, das ideale Teeblatt. Sicherlich ist damit das Blatt eines **halbfermentierten Tees** gemeint. Es hat Volumen, es ist stets ganz und ungerollt, und es weist eine Vielzahl absonderlichster Formen auf. In ihm meint man die zuckenden Windungen des legendären Drachens zu erkennen oder ein im Flug erstarrtes Insekt oder die im Zorn zusammengezogenen Augenbrauen eines chinesischen Schauspielers. (Es gibt tatsächlich Tees, die solche bildlichen Namen tragen.) Darüber hinaus vereinigen sich im halbfermentierten Tee — bei ihm wird die Fermentation nach der Hälfte der Vergärung abgebrochen — der Geschmack des schwarzen und des grünen Tees. Er ist lieblicher als schwarzer Tee und hat weniger grasige Frische als grüner; es ist ein Tee von harmonischer Ausgewogenheit.

Unter dem Oberbegriff Oolong werden verschiedene Varietäten zusammengefaßt, die ihrerseits zwei Kategorien bilden. Die eine besteht aus den China-Oolong. Dies sind Tees, die nur eine zwölf- bis zwanzigprozentige Fermentation durchgemacht haben. Sie sind in China weit verbreitet, werden aber nur selten exportiert, da ihr blaßgelber Aufguß einen sehr »fernöstlichen« Geschmack hat. Die zweite Kategorie bilden die Formosa-Oolong, die einer längeren, etwa sechzigprozentigen Fermentation unterzogen werden. Sie ergeben einen goldfarbenen Aufguß mit einem »westlicheren« Geschmack. Ein Tee dieser Art, den man gewöhnlich in Europa trinkt, wird unter dem Handelsnamen »Oriental Beauty« vertrieben. In Frankreich heißt er »Dragon Noir« (»Schwarzer Drachen«) — die wörtliche Übersetzung von Oolong. Dem Preis nach zu urteilen, ist er der gesuchteste dieser halbfermentierten Tees. Man erkennt ihn gewöhnlich an seinem leichten Orchideenduft. Er wird besonders von Leuten geschätzt, die einen leichten, aromatischen Tee lieben.

Einen halbfermentierten Tee kann man zu jeder Tageszeit und zu jeder Mahlzeit trinken; außer vielleicht zum Frühstück, für das er möglicherweise zu lieblich ist. Da er nur wenig Tein enthält, ist er das ideale Getränk vor dem Schlafengehen, besonders wenn er mit Jasmin-, Orangen- oder Rosenblüten oder anderen Blüten von beruhigender Wirkung vermischt ist.

Ein Nachmittag im Wintergarten. Der Tee wird in einem Porzellanservice von Wedgewood serviert, dessen Form und griechisch inspiriertes Dekor bereits in den dreißiger Jahren des vergangenen Jahrhunderts entstanden (gegenüberliegende Seite). — Die Gegenstände auf der vorhergehenden Doppelseite wurden bei Mariage Frères, Paris, fotografiert: japanisches Holzkohlebecken aus Gußeisen für die Teezeremonie (1), alter japanischer Wasserkessel aus Gußeisen (2), chinesisches Teeservice mit einer Deckeltasse für Einzelaufguß (3), Blechbüchse für Tee, um 1900 (4), marokkanische Teedose aus Messing, 19. Jahrhundert (5), russischer Samowar aus Messing, 19. Jahrhundert (6), chinesische Teedosen (7, 8), Teebehälter eines Teehändlers aus dem 18. Jahrhundert (9), Teebüchse, um 1900 (10), japanisches Teeservice um 1900 (11).

EINE TEE-LEKTION

Es genügt nicht, daß man weiß, welchen Tee man auszuwählen hat. Auch wenn ein Tee aus einem der großen Gärten stammt, ein elegantes Blatt, das schönste Aussehen und das beste Aroma hat, löst er vielleicht doch nicht seine Versprechungen ein und erweist sich in der Tasse als höchst banal. Es kommt übrigens selbst in den besten Geschäften häufig vor, daß Kunden, nachdem sie einen superben Tee gekauft haben, enttäuscht zurückkommen. Da der Tee, dessen Qualität so gelobt wurde, ihren Erwartungen nicht entspricht, schließen sie vorschnell daraus, daß er nicht gut ist. Nun wäre es in den meisten Fällen richtiger zu sagen, daß das Teewasser und vielleicht auch die Teekanne nicht gut oder daß die Ziehdauer nicht korrekt war. Ob ein Tee gelingt, hängt mindestens zur Hälfte davon ab, mit welcher Sorgfalt er zubereitet wird.

Zunächst benötigt man eine geeignete Teekanne. Sie ist das kostbarste Werkzeug des Teetrinkers und muß mit besonderer Sorgfalt behandelt werden. Man darf sie nie auswaschen oder ausreiben. Sie darf nur mit klarem Wasser ausgespült werden und soll mit abgehobenem Deckel an der Luft trocknen, damit das Tannin, das mit der Zeit die Innenwände braun färbt, nicht entfernt wird. Denn diese natürliche Beschichtung ver-

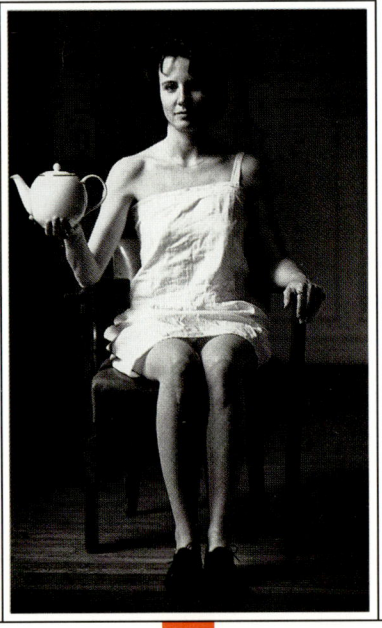

stärkt das Aroma des Tees. Allerdings eignet sich eine gut »beschichtete« Kanne, in der gewöhnlich starkwürzige oder Rauchtees zubereitet werden, nicht mehr für zarte, duftige Teesorten. Aus diesem Grunde sollte man idealerweise eine spezielle Teekanne für jede Teesorte haben. Doch auch wenn man sich keine Sammlung von Teekannen zulegen möchte, sollte man drei verschiedene Kannen haben: eine für die kräftigen Teesorten, eine für die lieblichen und eine dritte für aromatisierte Tees. Eine Kanne aus Ton oder versilbertem Metall eignet sich für kräftige Tees mit hohem Tanningehalt, wie etwa Assam- und Ceylon-Tees. Auch Zinn scheint sich dafür zu eignen oder auch Gußeisen. Gußeisen ist zwar etwas heikel im Gebrauch, wird aber von den Asiaten sehr geschätzt, da es wichtige Mineralsalze abgibt. Ist eine gußeiserne Kanne innen emailliert, so ist sie — wie die Kanne aus Porzellan oder Steingut — das ideale Gefäß für die grünen, die halbfermentierten und die leichteren schwarzen Tees wie etwa die Darjeeling. Die Form hat keine große Bedeutung, solange sie schlicht ist; alles andere ist Geschmackssache. Wir persönlich bevorzugen Teekannen aus Steingut, die in einem mit Filz ausgekleideten Metallmantel stecken. Sie kommen aus England oder aus Deutschland. Sie sind meist schön geformt und haben zudem den Vorteil, daß sie den Tee lange warmhalten.

»Wenn nur wenige Besucher da waren, wurde dienstags der Tee im Salon serviert. [Die Comtesse Sabine] hatte Vandeuvres erinnert, daß sie ihn nach der Art und Weise fragen würde, auf die man in England den Tee zubereitete. Er hielt sich oft in England auf, wo seine Pferde in Rennen liefen. Seiner Ansicht nach verstanden es nur die Russen, guten Tee zu machen, und er gab ihr das Rezept dafür.« Emile Zola, *Nana*. — Rebekka, Fotografie von M. Jeziorowska (oben). — Eine Sammlung von Teekannen und Tassen in einer Moskauer Wohnung; die meisten Stücke stammen aus dem Rußland des 19. Jahrhunderts (gegenüberliegende Seite).

Man scheint oft zu vergessen, daß der Tee, alles in allem, subtil parfümiertes Wasser ist und daß man deshalb der Wasserqualität Beachtung schenken muß. Es heißt, daß die chinesischen Tee-Meister bei einem Teeaufguß den spezifischen Geschmack der verschiedenen Wässer erkennen konnten: ob sie aus einem Fluß, aus einem Gebirgsbach oder aus einem tiefen Brunnen kamen. Einige Teeliebhaber mit ausgeprägt feinem Geschmacksempfinden lassen sich besonderes Wasser schicken. So soll die englische Königin nie auf eine Reise gehen ohne einen Vorrat an Quellwasser für ihren Tee. Man sollte indessen einfach darauf achten, daß das Wasser rein, frisch, geruchlos und nicht kalkhaltig ist. In manchen Gegenden ist das Leitungswasser von Natur aus weich und gut für Tee geeignet. Zur Vorsicht kann man jedoch vorher eine kleine Menge abkochen und prüfen, ob sich im aufsteigenden Dampf unerwünschte Gerüche feststellen lassen. Man kann aber auch handelsübliche Wasserfilter verwenden oder auf ein neutrales Mineralwasser zurückgreifen, wie man es für Babynahrung verwendet.

Wenn man das Wasser und die Teekanne ausgesucht hat, kann man an die Bereitung des Tees gehen. Zuerst muß man natürlich das Wasser in einem Wasserkessel erhitzen. Dann spült man die Teekanne gründlich mit kochendem Wasser aus, bevor man die Teeblätter hineingibt. Dabei ist sorgfältig auf die genaue Menge zu achten. Im allgemeinen nimmt man pro Tasse 2 1/2 Gramm Tee, was einem gehäuften Teelöffel entspricht. Das gilt für schwarzen Blatt-Tee. Bei einem Broken-Tee genügt ein gestrichener Teelöffel, und von den Fannings benötigt man nur zwei Drittel eines Teelöffels. Für eine gute Tasse Oolong nimmt man jedoch zwei gehäufte Teelöffel. Für den Aufguß von grünen Tees gilt je nach Sorte eine andere Dosierung. Im Durchschnitt rechnet man hier mit drei Gramm Tee pro Tasse, doch sollte man sich in diesem Fall am besten vom Händler beraten lassen.

Nachdem die Teeblätter in die erwärmte Teekanne gegeben wurden, sollen sie dort im Wasserdampf ein bis zwei Minuten ruhen, denn erst dadurch wird ihr Aroma erschlossen.

»Meine Liebe, glauben Sie, daß das Wasser genug gekocht hat, daß man es auf den Tee schütten kann?« — »Meine Liebe, ich glaube, es ist noch zu früh.« — Oder zu spät! Denn was Madame de Staël nicht zu wissen schien, als sie in ihrem Roman *Corinne* diesen Dialog schrieb: Das Teewasser soll niemals sprudelnd kochen, sonst wird es flach und kraftlos. Außerdem verdirbt es das Aroma der Teeblätter, wenn es zu heiß ist. Es darf gerade eben sieden, wenn man den Tee aufgießt. Danach ist alles andere nur noch eine Zeitfrage. Für die schwarzen Tees beträgt die Ziehdauer bei gebrochen Blättern drei Minuten und bis zu fünf Minuten bei ganzen Blättern. Die halbfermentierten Tees brauchen sieben Minuten für das beste Resultat. Die grünen Tees läßt man am besten ein bis zwei Minuten ziehen, wenn es japanische sind, und drei bis fünf Minuten, wenn sie aus China kommen. Aber es gibt hier Unterschiede, und man sollte sich vom Händler beraten lassen.

Vor dem Servieren muß der Tee gut umgerührt werden. Vor allem müssen die Teeblätter entfernt werden, da sonst die Ziehdauer überschritten wird. Man hat nichts davon, wenn man die Ziehdauer verlängert, außer einem bitteren Tee — trotz

»Es war eine exquisite Verrichtung, bei ihr Tee zu trinken, und sie hatte stets köstliche kleine Sachen dazu: pikante Sandwiches, kleine, süße Mandelbiskuits und einen braunen schweren Rumkuchen.« Katherine Mansfield, *Die Gartenpartie. Afternoon Tea* und Teekannen mit einem Bild der Königin Victoria und dem Prinzen von Sachsen-Coburg (gegenüberliegende Seite). — Folgende Doppelseite: Teedose aus massivem Silber, 18. Jahrhundert (1), Teekästen aus Holz mit Einlegearbeiten (2, 4), traditionelle englische Teekanne (5), chinesisches Teesieb aus Bambus (6), bemalte Teedosen aus Blech für den Hausgebrauch, 19. Jahrhundert (3, 7), gravierte Teedose aus Zinn, Anfang 19. Jahrhundert (8).
(Anmerkung: Fotografiert im Teemuseum Mariage Frères, Paris)

der weit verbreiteten Meinung, daß ein Tee nach langer Ziehdauer anregender wirkt und einen höheren Teingehalt hat. Das ist falsch, denn das Tein ist bereits in den ersten Minuten gelöst; danach wird seine Wirkung von den Gerbstoffen höchstens abgeschwächt.

Wenn die Teekanne mit einem Siebeinsatz versehen ist, kann man diesen einfach herausheben, um die Teeblätter zu entfernen. Wenn nicht, so kann man sich mit einem Baumwollfilter behelfen, der ein überaus brauchbarer Ersatz ist, und diesen vor dem Servieren aus der Kanne nehmen. Ein Tee-Ei ist nur praktisch, wenn es groß genug ist. Denn die Teeblätter verdoppeln im Wasser ihr Volumen, und sie brauchen genügend Platz, um sich entfalten zu können.

Leider hat man nicht immer die Muße, einen Tee nach allen Regeln der Kunst zuzubereiten. Das ist aber kein Grund, zum Beispiel im Büro auf die Wohltat einer Tasse Tee zu verzichten.

Man kann ohne weiteres Tees in Mullsäckchen verwenden. (Teebeutel aus Papier sollte man möglichst vermeiden.) Bei guten Firmen haben sie durchaus die gleiche Qualität wie loser Tee. Leider gibt es keine grünen oder halbfermentierte Tees in Portionsbeuteln.

Man sollte auch nicht, um Zeit zu sparen, große Mengen Tee auf einmal kaufen. Tee ist ein kostbares und sehr empfindliches Lebensmittel. Er hält sich nur in einem geschlossenen Behälter, vor Feuchtigkeit und Licht geschützt, und ist nur von begrenzter Haltbarkeit. Die Haltbarkeitsdauer beträgt bei schwarzen Tees etwa zehn Monate und sechs bis acht Monate bei halbfermentierten und grünen Tees (die von Japanern im Kühlschrank aufbewahrt werden). Beim Kauf sollte man daher auf das Haltbarkeitsdatum achten, das auf den Verpackungen stehen muß.

Zuletzt bleibt noch die heikle Frage, ob man Milch, Zucker und Zitrone in den Tee geben soll.

Die ersten Teedosen, oder *Tea Caddies,* wurden aus China und Japan importiert. Es handelte sich anfangs um einfache Tongefäße, deren Deckel gleichzeitig als Meßbecher für den Tee diente. Da der Tee in Europa sehr teuer war, wurden hier die Teebehälter als kleine verschließbare Truhen gearbeitet, deren Schlüssel allein die Hausherrin besaß. Diese Teekästen enthielten gewöhnlich zwei Fächer, eines für den grünen, das andere für den schwarzen Tee, und ein kleines Schälchen zum Mischen der Tees oder für den Zucker, der damals ebenfalls sehr kostbar war. *Tea Caddies* (oben). — Englische Teekannen aus glasiertem Steinzeug mit Zinndeckeln (gegenüberliegende Seite).

»Sie war eine schöne, etwas gravitätische Frau, eine wirkliche ›gentle-woman‹. Sie nahm ihr Leben wie ihren Tee — nicht zu stark, ge-schmackvoll parfümiert und versüßt mit Milch und Zucker.« Henry James, *De Grey*. Zwei Amerikanerinnen beim Fünf-Uhr-Tee, 1930 (oben). — Die Gegenstände auf der vorhergehenden Doppelseite wur-den im Musée du Thé der Firma Mariage Frères aufgenommen: Tee-kanne, 1925 (1), Tee-Aufgußlöffel (2), Teelöffel (3), Tee-Gelee (4), Tee-kugel aus Porzellan (5), Teeservice im Stil der dreißiger Jahre (6, 7), Kandiszucker (8), Teebeutel (9).

Für die wahren Teeliebhaber sind diese Zutaten ein Sakrileg. Doch die Geschmäcker sind bekanntlich verschieden. Deshalb folgende Zugeständnisse: Wie erwähnt, vertragen einige Tees etwas kalte Milch. Es sind die kräftigen schwarzen Tees mit gebrochenen Blättern wie die aus Assam, Ceylon oder Indonesien.

Insgesamt läßt sich sagen, daß man Milch zu den Morgentees nehmen kann. Aber zu den duftigen Tees des Typs Darjeeling, zu den Rauchtees oder zu den halbfermentierten und grünen Tees ist die Zugabe von Milch absolut verboten. Zitrone verfälscht den Geschmack und die Farbe des Aufgusses und sollte daher vermieden werden. Dagegen unterstreicht eine dünne Apfelsinenscheibe manchmal das Aroma eines Assam- oder Ceylon-Tees. Was den Zucker betrifft — wenn man darauf wirklich nicht verzichten kann, sollte man ihn nur für gewöhnlichen schwarzen Tee nehmen. Und dann am besten nur weißen Kandis, weil dieser am neutralsten schmeckt. Der süße Geschmack des Zucker verträgt sich angenehm mit dem Geschmack der aromatisierten Tees, die an sich schon eine »Leckerei« sind.

Aber wie dem auch sei, Zucker und Milch werden immer heftige Widersacher haben. Das bezeugt ein Zitat aus einem Essay von George Orwell: »Niemals Zucker in den Tee geben … Man könnte dann ebenso gut Pfeffer oder Salz hineintun. Der Tee hat von Natur aus einen bitteren Geschmack, genau wie das Bier; wenn man Tee süßt, dann schmeckt man nicht mehr Tee, sondern ein Gebräu aus Zucker und heißem Wasser.« — Jedem seine Tasse Tee!

Den Tee in einer eleganten Teekanne aufzubrühen und aus geschmackvollen Tassen zu trinken, blieb lange ein nur wenigen vorbehaltener Luxus. Aber seit 1850 waren diese einstigen Luxusartikel dank der Erfindung der Galvanoplastik, durch die Metallgegenstände in großen Stückzahlen produziert werden konnten, und dank der industriellen Fertigung von Keramik und Porzellan jedermann zugänglich. Heute ermöglicht diese Verbindung von Kunst und Industrie, die schönsten Tee-Utensilien wieder aufzulegen. Es gibt detailgetreue Neuauflagen von Teeservice, die einst für berühmte Ozeandampfer oder Palasthotels hergestellt wurden — damit man daraus Tee trinken und in Nostalgie schwelgen kann. *Hollywood 1932*, Fotografie von Michel Dubois für eine limitierte Ausgabe eines Buches über den Tee, das von der Firma Dammann Frères in Auftrag gegeben wurde.

SPITZENGEWÄCHSE UND TRADITIONS-TEES

Die Behandlung, der Reifegrad und die Blattform ergeben den Geschmack, die Lage jedoch macht den Charakter eines Tees aus. So kann jede der großen Teesorten eine Vielfalt von unterschiedlichen Eigenschaften aufweisen, die allein auf die verschiedenen Klima- und Bodenverhältnisse der Anbaugebiete zurückzuführen sind. Doch es gibt Lagen, die ein größeres Prestige als andere haben, die dank besonders günstiger klimatischer Bedingungen und lang erprobter Anbaumethoden hervorragende Tees ergeben. Und diese sind nur in fünf Ländern zu finden: auf Ceylon (heute: Sri Lanka), in China, auf Formosa, in Indien und in Japan.

Kitti Cha Sangmanee, Tee-Experte der Firma Mariage Frères, für die er die exklusiven Mischungen herstellt und die besten Tees aus aller Welt beschafft.

Ceylon

Ceylon, die »Insel des Tees«, produziert im wesentlichen schwarzen Tee. Charakteristisch für den Ceylon-Tee sind sein hocharomatisches, fein-herbes Flavour, sein Extraktreichtum und sein bernsteinfarbener Aufguß. Im allgemeinen verträgt er etwas kalte Milch. Er paßt zu einem kontinentalen Frühstück (weniger zu einem englischen) und zu süßem Gebäck am Nachmittag. Von den vielen Teegärten auf Ceylon produziert jeder einen für ihn typischen Tee. Es gibt jedoch zu viele, um sie hier alle aufzuzählen. Deshalb werden die Tees nach dem Blattgrad aufgeführt und nur die berühmtesten

1 · CEYLON F. O. P.

2 · CEYLON O. P.

3 · CEYLON B. O. P.

4 · KEEMUN F. O. P.

5 · LAPSANG SOUCHONG

Teegärten, aus denen diese Tees stammen, namentlich genannt.

Flowery Orange Pekoe. Hochfeine Tees mit schönem Blatt und goldfarbenen Spitzen, die einen mild-aromatischen Geschmack haben und kaum nachbittern. Ausgesproche Nachmittagstees. Gärten, die großartige F.O.P. erzeugen sind: Berubeula und Allen Valley.

Orange Pekoe. Bemerkenswerte Tees mit langem, dünnem Blatt, fruchtiger als die F.O.P. Nachmittagstees. Ausgezeichnete Tees kommen aus den Gärten Pettiagalla und Kenilworth.

Flowery Pekoe. Zugleich extraktreich und aromatisch, sind es ausgewogene Tees mit feinherbem Charakter, die sich sowohl für den Morgen wie für den Nachmittag eignen. Die Gärten: Dyraaba und Uva Highlands.

Broken Orange Pekoe. In dieser Kategorie sind die Tees aus den Gärten St. James, Dimbula und Uva Highlands besonders charaktervoll, kräftig und aromareich. Morgentees.

Broken Orange Pekoe Fannings. Sehr kräftige Tees, die sogar Kaffee ersetzen können. Etwas kalte Milch, die die oben genannten Tees gerade eben vertragen, ist hier unbedingt zu empfehlen. Eine gute Auswahl dieser Tees liefern die Gärten Uva Highlands und Dyraaba. Es sind ausgezeichnete Tees für morgens und nachmittags.

Junge Teepflückerin aus Ceylon, die in ihrer Hand den kleinen Teezweig aus der Fein-Pflückung hält: nur die Blattknospe und die beiden jüngsten Blätter.

China

Die schwarzen Tees aus China sind mild und haben nur einen geringen Teingehalt. Sie gelten im allgemeinen als Nachmittags- und Abendtees. Man trinkt sie prinzipiell ohne Milch und Zucker. Eine Ausnahme bilden jedoch die Tees aus Yünnan.

Keemun. Diese Tees zeichnen sich durch ihr Orchideen-Aroma aus. Sie ergeben eine Tasse von leuchtend rötlicher Farbe. Sie haben einen milden, süßlichen Geschmack sowie einen geringen Teingehalt und eignen sich vorzüglich für den Abend. Häufig werden sie als Basis für aromatisierte Mischungen verwendet.

Lapsang Souchong. Diese Tees haben einen leichten Rauchgeschmack, der dadurch entsteht, daß man die großen, breiten Blätter des Blattgrades »Souchong« über dem Holz einer harzreichen Fichtenart röstet. Angenehm zu salzigen und stärker gewürzten Gerichten, auch zu Käse.

Yünnan. Diese Tees kommen als G.F.O.P. oder als T.G.F.O.P. in den Handel. Es sind die »großen Herren-Tees« von China. In ihnen verbinden sich, was außerordentlich selten ist, Aroma und Stärke, Finesse und Geschmacksfülle. Es sind runde, volle Tees mit einem nachhaltigen Geschmack, daher werden sie auch der »Mokka unter den Tees« genannt. Sie haben eine schöne goldgelbe Farbe, vertragen etwas Milch und sind ausgezeichnete Tees zum kontinentalen Frühstück.

DIE GRÜNEN TEES VON CHINA, wie auch die aus Japan, vertragen weder Milch noch Zucker.

Dong Yang Dong Bai. Einer der besten grünen Tees der Welt. Cha-

Ziegeltee wird so verwendet: Ein Stück wird abgebrochen und im Mörser zerstoßen. Für eine Tasse benötigt man zwei Gramm. Das Pulver wird in siedendes Wasser geschüttet. Man läßt den Tee fünf Minuten ziehen, rührt um und gießt ihn durch ein feines Sieb ab.

6 · YÜNNAN T.G.F.O.P.

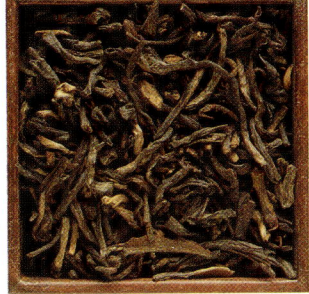

7 · DONG YANG DONG BAI

8 · LUNG CHIN

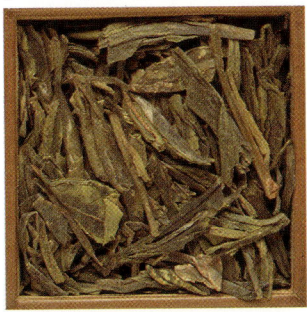

9 · PI LO CHUN

10 · SILVER DRAGON

rakteristisch ist sein blumiges Aroma und sein saftiger nachhaltiger Geschmack sowie sein sehr heller Aufguß.

Lung Chin »Drachenbrunnen«. Dieser berühmte Tee ergibt einen superben Aufguß von jadegrüner Farbe. Wegen seines exquisiten Geschmacks und seines delikaten Aromas ist er für jede Tageszeit geeignet. Ein idealer Tee, wenn man lange wachbleiben muß, da er sehr vitaminreich und anregend ist. Man sagt, daß er den Kopf klar hält.

Pi Lo Chun »Jadespirale des Frühlings«. Einer der seltensten Tees, der nur von den besten Händlern geführt wird. Ein Tee von rundem Geschmack und lieblichem Aroma, den man zu besonderen Gelegenheiten trinken sollte.

Silver Dragon »Silberner Drache«. Dieser Tee verdankt seinen Namen dem silbrigen Flaum, mit dem seine Blätter überzogen sind, deren Form an die eines Drachen erinnert. Sein Aufguß ist hell und kristallklar, sein Aroma intensiv und sein Geschmack süßlich. Ein Tee für den Tag.

WEISSER TEE unterscheidet sich von den schwarzen, grünen und halbfermentierten Tees. Er ist äußerst rar, da er nur in geringen Mengen hergestellt wird. Nach dem Pflücken wird er lediglich gewelkt und getrocknet und ist praktisch naturbelassen. Seinen Namen, die wörtliche Übersetzung der chinesischen Bezeichnung, verdankt er zweifellos der sehr hellen Farbe seines Aufgusses. Die besten Qualitäten dieser Teesorte bestehen nur aus den weißlichen Blattknospen, die den Blütenblättern eines Edelweißes gleichen. Man muß einen sehr geschulten Geschmack haben und bereits mit dem »fernöstlichen« Flavour der grünen und der halbfermentierten Tees vertraut sein, um das subtile Aroma dieser Tees schätzen zu können.

Yin Zhen »Silbernadeln«. Dieser weiße Tee stammt aus einer sogenannten »kaiserlichen Pflückung«, die im Morgengrauen an nur zwei Tagen im Jahr ausgeführt wird. Die Schönheit seiner feinen silbrigen Blattknospen und sein knospig frischer, duftiger Geschmack machen ihn zu einem der begehrtesten und kostbarsten Tees der Welt. Er sollte vorzugsweise im Sommer getrunken werden.

Pai Mu Tan. Bei dieser Teequalität, die gängiger als die vorherige ist, kann man das Teeblatt in seinem natürlichen Zustand sehen. Es wird so belassen, wie es vom Strauch kommt. Der feinherbe, blumige Tee eignet sich besonders für den Abend.

Formosa

Tarry Souchong. Dieser schwarze Rauchtee wird nach traditioneller chinesischer Methode hergestellt. Er ist der Tee mit dem ausgeprägtesten Rauchgeschmack. Unbeirrbare Liebhaber dieses ungewöhnlichen Geschmacks trinken ihn zum Brunch.

Gunpowder »Schießpulver«. Dieser Grüntee, dessen zu kleinen Kugeln gerollte Blätter in der Teekanne knistern, wenn sie sich entfalten, wird gewöhnlich für den Tee »à la menthe« verwendet. Aber auch naturell getrunken ist er köstlich. Er hat eine gelblichgrüne Farbe und ist ungemein durstlöschend. Er ist ein Tee zum Entspannen und sollte am Nachmittag getrunken werden.

DIE HALBFERMENTIERTEN TEES sind eine Spezialität von Formosa gewor-

11 · YIN ZHEN

12 · PAI MU TAN

13 · TARRY SOUCHONG

14 · GUNPOWDER

15 · OOLONG IMPERIAL

den, und die hier produzierten gehören wohl zu den besten ihrer Art. Ihr Geschmack ist gewöhnlich subtiler als der der halbfermentierten Tees aus China. Man trinkt sie naturell, ohne Milch, tagsüber und während oder nach den Mahlzeiten. Da ihr Teingehalt gering ist, eignen sie sich auch für den Abend.

Oolong Imperial. Das ist der beste Tee aus der Familie der »Oriental Beauty« bzw. der des »Schwarzen Drachen«. Der Aufguß ist zart bernsteinfarben, und der Geschmack erinnert etwas an Honig und Kastanien. Ein erlesener Tee mit großer Aromafülle für den Abend.

Grand Pouchong. Dieser Tee gehört eigentlich zum Typ der chinesischen Oolongs, da er ganz leicht fermentiert wurde. Er hat einen goldgelben Aufguß, ein feines Aroma und einen sehr zarten Geschmack. Ein Tee für den Tag wie für den Abend.

Ti Kuan Yin. Von Chinesen wird dieser Tee wegen seiner gesundheitsfördernden Eigenschaften sehr geschätzt. Er hat tatsächlich eine die Verdauung anregende Wirkung. Sein Aufguß ist bernsteinfarben mit ausgeprägtem Aroma und lieblichem Geschmack.

Tung Ting. Ein weiterer Tee aus der Familie der Chinesischen Oolongs und einer der berühmtesten aus Formosa. Sein Aufguß ist von rotgoldener Farbe und sein Geschmack sehr lieblich. Ein Tee für den Tag wie für den Abend.

Halbfermentierter chinesischer Tee, der in Form eines Kranzes aus gepreßten Teeblättern in den Handel kommt, und chinesische Teekännchen aus rotem Ihsing-Ton.

I n d i e n

Die indischen Tees sind wie die aus Ceylon schwarze Tees mit »westlichem« Geschmack. Sie sind blumig-würzig, haben eine anregende Wirkung, und ihr Aufguß ist gut gefärbt. Aber in Indien wird auch eine Vielfalt von schwarzen Tees von einem subtileren und duftigeren Geschmack erzeugt, vergleichbar mit dem der halbfermentierten Tees aus China und Formosa. Deswegen sind indische Tees eine ausgezeichnete Einführung, wenn man sich überhaupt mit dem Geschmack der verschiedenen Tees vertraut machen möchte.

Assam-Tees. Von wuchtigem, malzigem Geschmack und einer sehr dunklen Farbe sind dies exzellente Morgentees. Sie vertragen ausgezeichnet etwas kalte Milch. In Assam gibt es viele berühmte Teegärten, von denen hier nur Thowra, Numalighur und Napuk genannt werden können. Für den Laien sind die Unterschiede zwischen den einzelnen Tees kaum festzustellen, da alle sehr würzig sind.

Darjeeling-Tees. Dies sind die begehrtesten und kostbarsten schwarzen Tees. Im allgemeinen kommen sie als Ganzblatt-Tees und in den besten Blattgraden in den Handel (G.F.O.P., T.G.F.O.P., F.T.G.F.O.P.). Berühmte Gärten sind u.a.: Castleton, Bloomfield, Margaret's Hope, Namring, Gielle. Wenn es auch schwierig ist, die Tees der einzelnen Gärten zu unterscheiden, so kann man doch leicht den Unterschied zwischen den einzelnen Ernten feststellen. Denn beim Darjeeling ist der Geschmack je nach Jahreszeit ein anderer. Im allgemeinen sind es Nachmittags-Tees, die ohne Milch getrunken werden; es sei denn, sie kommen als Broken-Tees in den Handel.

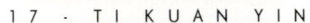

16 · GRAND POUCHONG

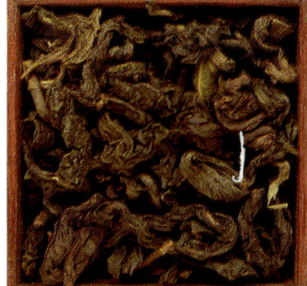

17 · TI KUAN YIN

18 · TUNG TING

19 · ASSAM T. G. F. O. P.

20 · DARJEELING F. O. P.

»First Flush« Darjeeling. Dies sind Frühlingstees der ersten Pflückung (April-Mai), zarte, junge Tees von sehr heller Farbe mit einem ausgeprägten frischblumigen Flavour. Von Teekennern werden sie mit Ungeduld erwartet — wie der junge Wein von Weinliebhabern — und daher oft per Luftfracht verschickt. Es sind Tees für die Mußestunden am Nachmittag.

»Second Flush« Darjeeling. Diese Tees stammen aus der Ernte vom Juli-August. Sie sind körperreicher als die vorigen. Sie haben einen leuchtenden Aufguß und ein volles, rundes Aroma mit einer fruchtigen Note — das von Kennern geschätzte »Muscatel-Flavour«. Es sind ausgesprochene Spitzentees für den Nachmittag.

»In-between« Darjeeling. Dies sind Tees, die im Juni zwischen den beiden Hauptpflückungen geerntet werden. Sie haben die Frische des »First Flush«, doch bereits etwas von der Reife des »Second Flush«.

»Darjeeling-Autumnal«. Wie ihr Name sagt, sind es Tees aus der Herbstpflückung, deren große Blätter einen kupferfarbenen Aufguß von abgerundetem Geschmack ergeben. Es sind Morgentees, die man nach Belieben mit etwas kalter Milch trinken kann.

Dooars. Tees aus niedrigeren Höhenlagen westlich von Assam. Sie sind kräftig gefärbt und würzig, aber weniger stark als Assam-Tees. Es sind Tees, die man tagsüber trinken sollte und die einen Schuß Milch vertragen.

Terai. Tees aus der Ebene südlich von Darjeeling. Sie sind gut gefärbt

Indischer Teehändler vor seinen Teekisten, die elegant beschriftet sind.

185

und haben einen würzigen, saftigen Geschmack. Es sind Tees für den Tag, die etwas Milch vertragen. Sie werden häufig als Basis für Teemischungen verwendet.

Travancore. Diese Tees werden auf der größten Plantage Südindiens angebaut. Sie ergeben einen kupferfarbenen Aufguß und sind würzigstark. Sie erinnern noch an nordindische Tees, aber ähneln schon den Ceylon-Tees. Es sind kräftige Morgentees, zu denen man etwas kalte Milch nehmen kann.

Japan

In Japan werden ausschließlich grüne Tees produziert. Sie haben nur einen geringen Teingehalt, sind aber außerordentlich reich an Vitamin C. Sie wirkend tonisierend und regen die Verdauung an, deshalb werden sie gern zu und nach den Mahlzeiten, aber auch zur Entspannung, getrunken. Man trinkt sie stets ohne Milch und ohne Zucker.

Genmaicha. Eine japanische Spezialität. Es ist ein grüner Tee von durchschnittlicher Qualität, der mit Popcorn und geröstetem Reis vermischt ist. Man kann ihn, als Kuriosität, am Nachmittag trinken.

Gyokuro »Kostbarer Tau«. Er ist einer der edelsten japanischen Tees. Seine ungerollten, kräftig grünen Blätter sind spitz wie Tannennadeln und unverkennbar. Die aufgegossenen Blätter sind smaragdgrün. Sein Geschmack ist mild und nachhaltig. In Anbetracht seines hohen Preises sollte man diesen Tee nur zu besonderen Gelegenheiten trinken.

Hojicha. Ein gerösteter grüner Tee, dessen Blätter vor und nach dem Aufguß eine braune Farbe haben. Er ist sehr leicht, mit nur geringem

Teingehalt und angenehm zu den Mahlzeiten.

Matcha Uji »Flüssiger Jadeschaum«. Das »kaiserliche« Teepulver für die Teezeremonie aus den Blättern des Gyokuro. (Es gibt jedoch auch Matcha-Sorten, für die weniger edle Grüntees verwendet werden.) Der Macha Uji ergibt ein jadegrünes, stärkendes Getränk von konzentriertem Geschmack. Er eignet sich ideal für Eistees sowie zum Aromatisieren und Färben von Saucen und Sorbets.

Sencha Honyama. Dieser Tee aus dem berühmten Shizuoka-Garten gehört wie der Gyokuro zu den erlesensten Tees von Japan. (Es gibt jedoch verschiedene und weniger edle Sencha-Sorten.) Bei diesem Tee sind die aufgegossenen Blätter von blaßgrüner Farbe. Er hat ein volles Aroma sowie einen exquisiten Geschmack und ist ein anregender Morgentee.

TEES DER WELT

Seit dem neunzehnten Jahrhundert hat sich der Tee-Anbau nicht nur in Asien über die traditionellen Anbaugebiete hinaus ausgebreitet, sondern auch außerhalb Asiens nach Afrika und Südamerika, in die ehemalige Sowjetunion und in den

21 · DOOARS T. G. F. O. P.

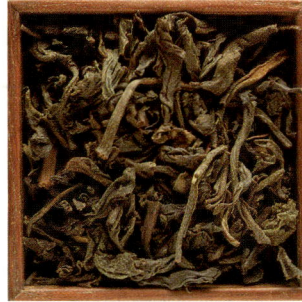

22 · TERAI T. G. F. O. P.

23 · TRAVANCORE F. B. O. P.

24 · GENMAICHA

25 · GYOKURO

Blühender Teezweig: »Die Blüte ist weiß, besteht aus fünf Blütenblättern und hat die Form einer Rose. Nach dem Verblühen befinden sich an der Pflanze Beeren, die die Form von fleischigen Nüssen haben.«
J. B. Du Halde, 1735.

Nahen Osten.
Allerdings
könnten in
diesen Regio-
nen die Anbaumetho-
den noch verbessert werden, und
zum Schaden für die Qualität erfolgt die Ernte, besonders in der
ehemaligen Sowjetunion, maschinell. Man muß jedoch anerken-
nen, daß einige dieser »neuen«
Teeproduzenten heute bereits im-
stande sind, mit einigen Erzeugnis-
sen aus Indien und Ceylon zu kon-
kurrieren. Es wäre folglich schade,
wenn man sich das Vergnügen ent-
gehen ließe, auch diese Tees zu
probieren. Übrigens sagt man, daß
die englische Königin eine begeisterte Anhängerin des Tees aus Kamerun ist. Man sollte also, was den
Tee anbetrifft, nicht königlicher als
Ihre Majestät sein.

Alle Tees, die im folgenden be-
schrieben werden, sind schwarze
Tees. Der Anbau und die diffizile
Herstellung der grünen und der
halbfermentierten Tees bleibt den
Ländern belassen, die in diesen
Techniken bereits eine lange Erfah-
rung haben.

ARGENTINIEN. Kräftige, nicht zu fül-
lige Tees mit leichtem Erdge-
schmack und tiefdunkler Farbe.
Ausgezeichnete Frühstückstees, die
etwas kalte Milch vertragen können.

BANGLADESCH. Tees von kräftig
dunkler Farbe und aromatischem,
leicht würzigem Geschmack. Es
sind Tees, die man tagsüber, mit
und ohne Milch, trinken kann.

INDONESIEN. Aromatische, nicht zu
kräftige Tees, die den Ceylontees
ähneln und einen schönen bernsteinfarbenen Aufguß ergeben. Besonders als Broken-Tees sind sie ausgezeichnete Morgentees, die man
mit etwas kalter Milch trinken kann.

26 · HOJICHA

27 · MATCHA UJI

28 · SENCHA HONYAMA

29 · BANGLADESCH G.F.O.P.

30 · KAMERUN F.B.O.P.

IRAN. Leicht und duftig wie chinesische Tees, sollten sie pur — ohne
Milch und Zucker — am Nachmittag
getrunken werden.

KAMERUN. Großartige Tees aus den
Höhenlagen, mit einem kräftig gefärbten Aufguß und einem aromatischen, malzigen Geschmack. Sie
vertragen etwas Milch und sind, besonders als Broken-Tees, ausgezeichnete Morgentees.

KENIA. Qualitätstees, die an Assam-
Tees erinnern. Der Aufguß ist gold-
farben, der Geschmack kräftig und
fruchtig. Sie sind die perfekten Morgentees, denen etwas kalte Milch
gut bekommt.

MALAYSIA. Broken-Tees, von kräftigem, reintönigem Geschmack.
Sie sollten morgens und nach Belieben mit Milch getrunken werden.

MAURITIUS. Ein kräftiger Tee mit
einem charakteristischen Vanil-
legeschmack für die erste Tasse
am Morgen, der etwas Milch verträgt.

NEPAL. Ein Ganzblatt-Tee, der dem
Darjeeling ähnelt, mit zart-wür-
zigem Aroma und leicht fruchtigem
Geschmack. Ein Tee für den
Nachmittag, den man pur
trinken sollte.

SIKKIM. Gute Tees von
den Hochebenen des
Himalaya. Spitzentees
kommen aus den
Gärten von Temi. Man
kann diese Tees mit de-
nen aus dem nahen Dar-
jeeling vergleichen. Sie
sind jedoch kräftiger und haben
einen fruchtig-aromatischen Geschmack. Es sind Nachmittagstees,
die pur getrunken werden.

TÜRKEI. Die besten Tees kommen
aus der Schwarzmeer-Region. Als
Ganzblatt-Tees haben sie ein mil-
des, leicht süßliches Flavour, das an

chinesische Tees erinnert. Man trinkt sie abends und pur.

EHEMALIGE UdSSR. Man begeht oft den Fehler, daß man russischen Tee mit Tee »nach russischem Geschmack« verwechselt, der in Wirklichkeit eine parfümierte Mischung aus indischen und chinesischen Tees ist. Die echten russischen Tees kommen hauptsächlich aus Georgien und Grusinien. Sie haben eine dunkle Farbe und einen kräftigen, leicht blumigen Geschmack. Sie sind gute Nachmittags- und Abendtees. Als kräftige Broken-Tees trinkt man sie am Morgen mit Milch.

KLASSISCHE MISCHUNGEN

Jeder Wein verdankt seine Eigenart dem Kellermeister, der genau weiß, wie er die Aromen der verschiedenen Rebsorten vermischen muß. Genau wie dieser ist der Teekoster *(Tea Taster)*, ein Experte auf dem Gebiet der Teemischungen *(Blends)*. Die Fachleute der großen Handelsmarken mischen Tees unterschiedlicher Qualitäten, um standardisierte Mischungen mit stets gleichbleibendem Geschmack und vor allem auch gleichbleibendem Preis zu erzielen. Das sind allerdings höchst »prosaische« Mischungen. Manchmal aber erfinden die *Tea Taster*, wie die »Nasen« der großen Parfumhersteller, neue Aromen und kreieren einen noch nie dagewesenen Geschmack. Es geht ihnen darum, das ideale Gleichgewicht, die perfekte Farbe und den perfekten Geschmack zu finden, indem sie zum Beispiel große Tees aus verschiedenen Gärten ein

Didier Jumeau-Lafond, einer der besten französischen Tee-Experten.

31 · INDONESIEN T.G.F.O.P.

32 · KENIA G.F.O.P.

33 · NEPAL G.F.O.D.

34 · SIKKIM T.G.F.O.P.

35 · TÜRKEI B.O.P.

und desselben Anbaugebietes miteinander vermischen. In den besseren Handelshäusern gelingt es, die verschiedensten Teesorten so zu mischen, indische und chinesische Tees so zu vereinigen, daß nicht mehr festzustellen ist, woher sie ursprünglich stammen. Man ist immer wieder erstaunt, welche Überraschungen einem diese subtile Alchemie in der Tasse bieten kann.

Die sogenannten »klassischen« Mischungen, die den Geschmack von verschiedenen Tees miteinander verbinden, sind am schwierigsten herzustellen. Sie sind sehr viel diffiziler als die aromatisierten Mischungen, bei denen dem Tee Aromen von Blüten, Blättern oder Früchten zugefügt werden. Aber mit etwas Übung kann sich auch der Laie darin versuchen. Es gibt zwar keine Rezepte, aber mit einer Waage und reichlich Intuition braucht man nur einige Regeln zu beachten. Vor allem sollte man vermeiden, Tees mit ausgeprägtem Charakter zu mischen, da sie sich gegenseitig übertönen würden. Zuerst muß man einen neutralen Basistee wählen, etwa einen chinesischen Keemun, einen afrikanischen oder südindischen Tee (Nilgiri, Dooars), die alle einen zurückhaltenden Charakter haben, aber eine schöne Farbe geben. Danach kann man die feineren und besonderen Noten zufügen: etwas Lapsang Souchong für einen leichten Rauchgeschmack oder eine Prise Darjeeling wegen seines fruchtigen Muscatel-Geschmacks, wenn man nicht einige Gramm grünen Tee zufügen möchte, der eine eigene Frische mitbringt und die Farbe aufhellt. Aber vor allem ist es wichtig, zu wissen, wann man den Tee trinken möchte. Als wertvolle Anregung können die beiden klassischen Mischungen dienen, deren Zusammensetzung im folgenden gegeben wird.

»English Breakfast«. Ein kleinblättriger Tee, der im allgemeinen aus einem Broken Orange Pekoe aus Ceylon mit etwas Assam oder Darjeeling besteht und noch mit einem afrikanischen oder südindischen Tee versetzt sein kann. Diese sehr britische Mischung trinkt man gern mit etwas Milch zu Toast mit Honig und Konfitüre. Es ist ein idealer Frühstückstee und ein anregender Tee für den Vormittag.

»Five o'clock tea«. Auch hier handelt es sich um eine typisch angelsächsische Mischung von verschiedenen Blatt-Tees aus Ceylon (O.P., F.O.P.). Ein fein-würziger Tee, der einen hellen, aromatischen Aufguß ergibt. Man kann Milch zufügen, sie aber auch unbeschadet weglassen. Alles in allem ein Nachmittagstee, der allein oder zu süßem Gebäck getrunken werden kann.

AROMATISIERTE TEES

Die Begeisterung für aromatisierte Tees, die in den siebziger Jahren besonders die Käufer in Frankreich, Deutschland und der Schweiz erfaßt hat, gab Anlaß für eine wahre Explosion von verschiedensten und manchmal gänzlich unvereinbaren Aromen, die den Puristen schaudern lassen. Das geht so weit, daß man in diesem Durcheinander, wo Rhabarber- neben Pistazien-, Kokosnuß- und Schokoladengeschmack zu finden ist, vergessen kann, daß der aromatisierte Tee auf eine lange und höchst verfeinerte fernöstliche Tradition zurückgeht. Auch auf diesem Gebiet gibt es großartige Klassiker, die, besonders wenn sie am

36 · UDSSR O.P.

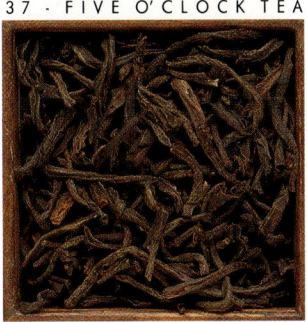
37 · FIVE O'CLOCK TEA

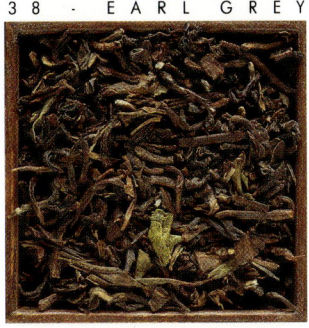
38 · EARL GREY

39 · JASMINTEE

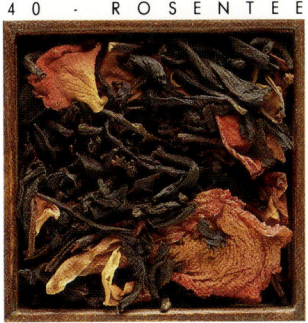
40 · ROSENTEE

Abend genossen werden, einen in wahres Entzücken versetzen können. Zucker unterstreicht ihr Aroma, Milch hingegen würde es verderben.

Earl Grey. Ein schwarzer China- oder Darjeeling-Tee (man findet heute jedoch auch halbfermentierte und grüne Tees), der mit Bergamottöl aromatisiert ist. Er verdankt seinen Namen einem englischen Diplomaten, dem Earl Grey, der ihn im vergangenen Jahrhundert bekannt machte.

Jasmin- und Rosentees. Die besten Tees dieser Art stammen aus China. Sie werden in den Teegärten nach überlieferten Rezepten hergestellt. Dabei wird der Tee mit frischgepflückten Blüten vermischt, deren Aroma sich auf ihn überträgt. Auch wenn man anschließend die Blüten wieder entfernt, behält der Tee den angenommenen Geschmack. Aber ist man nicht entzückt, wenn man einige Blütenblätter im Tee entdeckt?

Goût russe. Eine »russische Mischung« aus chinesischen Tees, die mit den Aromen von verschiedenen Zitrusarten parfümiert und heute in Frankreich sehr beliebt ist.

— Diese Teeprobe wurde in Zusammenarbeit mit dem Handelshaus Mariage Frères realisiert. —

KÖSTLICHKEITEN MIT TEE

Bei uns hat man sich noch nicht mit dem Gedanken vertraut gemacht, daß Tee und feine Küche zueinander passen. Sicherlich haben sich viele bereits daran gewöhnt, beim Besuch eines chinesischen Restaurants zum exotischen Essen einen Jasmin-Tee zu trinken. Aber das ist nur ein Beispiel dafür, welche Möglichkeiten sich für den Tee auf kulinarischem Gebiet ergeben. Man kann sich vorstellen, daß auch einmal zu einem westlichen Essen nur Tee getrunken wird und daß zu den einzelnen Gängen, wie es sonst mit Weinen üblich ist, verschiedene Tees serviert werden. Einen Rauchtee oder einen grünen Tee könnte man gut zu Fisch servieren; ein Earl Grey, ein Darjeeling oder ein Oolong würde auch zu Geflügel passen. Und zum Dessert bietet sich schließlich die breite Palette der leichten, duftigen Ganzblatt-Tees an.

In der feinen Küche eignet sich der Tee für interessante Geschmacksverbindungen. Es sind jedoch nicht allzu viele, denn das subtile Aroma des Tees wird schnell von dem der stärker schmeckenden Zutaten überlagert. Es gibt jedoch einige köstliche Rezepte, die auszuprobieren sich lohnt.

Sauce Earl Grey

ZUTATEN: *1/4 Liter Geflügelfond, 20 Gramm Earl Grey, 2 Teelöffel Zucker, 1 Eßlöffel Crème double, etwas Zitronensaft, Pfeffer, Salz*

Den Geflügelfond zum Kochen bringen. Den Earl Grey einstreuen, 3 Minuten ziehen lassen und abgießen. Den Zucker in die Flüssigkeit rühren. Etwas einkochen lassen. Danach die Crème double und den Zitronensaft zufügen. Auf kleiner Flamme nochmals einkochen lassen, dabei ständig mit einem Schneebesen schlagen, damit die Sauce schaumig wird. Mit Salz und Pfeffer abschmecken.
Diese Sauce reicht man zu Geflügel. Sie schmeckt köstlich zu Entenbrust.

Sauce Matcha

Es gibt verschiedene Sorten von pulverisiertem grünen Tee aus Japan, dem Matcha. Für dieses Rezept sollte Matcha Uji verwendet werden, der zwar etwas teurer ist, aber eine ganz außergewöhnliche, jadegrüne Farbe hat.

ZUTATEN: *1/4 Liter Fischfond, 5 Gramm Matcha-Pulver (nicht mehr, da der Geschmack sehr ausgeprägt ist!), einige Tropfen Zitronensaft, 75 Gramm Crème double, Pfeffer, Salz*

Über gelinder Hitze den Fischfond mit dem Matcha-Pulver, dem Zitronensaft und der Crème double aufschlagen, so daß eine schaumige Sauce entsteht. Mit Salz und frisch gemahlenem Pfeffer abschmecken. — Ganz köstlich zu pochiertem Lachs oder zu Meeresforellenfilets!

Tee - Gelee

Dazu sollte ein parfümierter schwarzer Tee, etwa ein Earl Grey, verwendet werden. Auch ein Tarry Souchong eignet sich, falls man seinen rauchigen Geschmack liebt.

ZUTATEN: *1 Liter starken Tee, 1 Kilogramm Zucker (oder 750 Gramm Zucker, falls man ein weniger süßes Gelee wünscht), 50 Gramm Apfelpektin, Saft von 1 1/2 Zitronen*

Den Tee zum Kochen bringen. Den Zucker, das Pektinpulver und den Zitronensaft einrühren. Weitere 4 Minuten kochen lassen. Anschließend in Gläser füllen, mit Zellophanpapier verschließen und abkühlen lassen.
Dieses Gelee wird wie ein Fruchtgelee verwendet — zu Toast, *Muffins* oder *Scones*, zum Frühstück oder am Nachmittag.

Tee - Eis

FÜR VIER PERSONEN: *1/2 Liter Milch, 5 Eigelb, 150 Gramm Zucker, 20 Gramm Ceylon-Tee (Uva Highlands)*

Die Hälfte der Milch zum Kochen bringen. Inzwischen das Eigelb mit dem Zucker schaumig rühren, dabei nach und nach die restliche kalte Milch zufügen. Die Teeblätter 4 Minuten in der

Stilleben mit grünem Tee. Fotografiert im Teesalon von Mariage Frères. Mont Fuji, Teemousse mit grünem japanischen Tee; grüner Pulvertee, Matcha Uji, mit Cha-Sen, der Bambusrute, mit der der Tee gequirlt wird; Teespatel aus Kirschbaumrinde; Crème brulée mit schwarzem Tee; Tee-Gelee; parfümiertes Teelicht; Teezopf; Versicherungsschein für eine Teelieferung an Mariage Frères aus dem Jahre 1888.

heißen Milch ziehen lassen, anschließend absieben. Den heißen Teeaufguß in die Eimasse einrühren.

Unter ständigem Rühren mit einem Holzlöffel über gelinder Hitze weiterrühren, bis die Creme bindet. Abkühlen lassen, in die Sorbetière füllen und gefrieren lassen.

Tee - Granité

FÜR ACHT PERSONEN: *100 Gramm Ceylon Orange Pekoe, 200 Gramm Zucker, 2 Eßlöffel Milchpulver, 5 Zentiliter weißer Rum*

Den Tee 10 Minuten in 1 Liter kochendem Wasser ziehen lassen, danach absieben. Im heißen Tee 150 Gramm Zucker auflösen. Abkühlen lassen, in eine flache Schale füllen und zugedeckt im Tiefkühlfach gefrieren lassen. Sobald sich auf der Oberfläche Eiskristalle bilden, den halbgefrorenen Tee in den Mixer geben, die Trockenmilch zufügen und gründlich mischen. Weitere 10 Minuten ins Gefrierfach stellen. Anschließend zurück in den Mixer geben. Einige Male wiederholen, bis eine cremige Masse entsteht. Danach im Mixer den Rum und den restlichen Zucker einarbeiten. Kurz zurück in das Gefrierfach geben. In Portionsschalen servieren.

Grünes Tee - Eis

FÜR ACHT PERSONEN: *1/2 Liter Sahne, 1/2 Liter Milch, 175 Gramm Zucker, 1 Prise Salz, 17 Gramm pulverisierter grüner Tee (Matcha Uji)*

Alle Zutaten solange miteinander verrühren, bis sich der Zucker aufgelöst hat. In der Eismaschine gefrieren lassen.

Mont Fuji

Man kann für dieses Dessert zwar auch einen Broken-Tee aus Assam oder Ceylon nehmen, doch wegen seiner brillanten grünen Farbe sollte man dazu besser einen Matcha Uji verwenden.

FÜR SECHS PERSONEN: *70 Gramm feiner Zucker, 6 Eigelb, 1/4 Liter Milch, 3 1/2 Blatt Gelatine, 12 Gramm Matcha Uji, 25 Zentiliter Sahne*

Zuerst wird eine englische Creme bereitet: Dazu das Eigelb mit dem Zucker schaumig rühren und in die zuvor erhitzte Milch geben. Über gelinder

Hitze mit einem Holzlöffel so lange rühren, bis die Creme bindet. Vom Feuer nehmen und den Matcha sowie die zuvor in kaltem Wasser eingeweichte und gut ausgedrückte Gelatine einrühren. Die Masse völlig abkühlen lassen. Erst danach die geschlagene Sahne unterheben.

In Portionsförmchen füllen und einen Tag in den Kühlschrank stellen.

Eis - Tee

Tee, eisgekühlt serviert, ist ein besonders erfrischendes Getränk. In diesem Fall läßt man ihn jedoch nicht in heißem Wasser ziehen, da er sich beim Abkühlen trübt und weniger appetitlich aussieht. Um ein kristallklares Getränk zu erhalten, läßt man den Tee in kaltem Wasser etwa 12 Stunden im Kühlschrank ziehen. Danach trinkt man ihn entweder pur mit Eiswürfeln oder mixt ihn mit anderen Ingredienzen zu Cocktails.

Cocktail Sakura

Der Tee, der für den Cocktail »Sakura Royal« verwendet wird, ist ein grüner Sencha, aromatisiert mit japanischen Kirschblüten. Man kann jedoch auch andere Aroma-Tees verwenden.

ZUSAMMENSETZUNG: *Champagner, Rohrzuckersirup, Cocktailkirschen und »Sakura Imperial«-Tee (50 Gramm auf 1 Liter)*

Der Tee wird kalt angesetzt, danach mit Rohrzuckersirup nach Geschmack gesüßt. In vorgekühlte Champagnergläser je eine Cocktailkirsche geben und mit 1/3 Tee sowie 2/3 Champagner auffüllen. Eiskalt servieren.

Cocktail Tea - Clipper

ZUSAMMENSETZUNG: *Apfelsaft, mit Zimt aromatisierter Tee (50 Gramm auf 1 Liter), Eiswürfel*

In vorgekühlte Cocktailgläser Eiswürfel einfüllen. Mit 1/3 kalt angesetztem Tee und 2/3 Apfelsaft auffüllen. Mit einer dünnen Limettenscheibe garnieren und eiskalt servieren.

— Alle Rezepte — bis auf die für das Tee-Granité und die Eistees — stammen aus dem Haus Mariages Frères. —

VADEMECUM FÜR TEELIEBHABER

Selbstverständlich wird der Tee auf beiden Seiten des Kanals geschätzt, und wenn er, wie Charles Laughton in dem Film »The Extravagant Mr. Ruggles« von Leo McCarey bestätigt, eine »Sache der Engländer« ist, so scheint diese Behauptung ein Klischee geworden zu sein. Der Tee ist heute auch eine Angelegenheit der Franzosen und der Deutschen geworden. Im Folgenden findet man eine Auswahl von Pariser *Salons de Thé* und Londoner *Tea Rooms* mit ihren Spezialitäten sowie eine Liste der bekanntesten europäischen Teehandlungen und Teemarken.

DIE SALONS DE THÉ

Aus der Vielzahl der *Salons de Thé* wurden diejenigen ausgewählt, die eine große Auswahl von Tees oder seltene Tees anbieten und die sich durch ein besonders reizvolles Ambiente auszeichnen.

PARIS

ANGELINA
226, rue de Rivoli
75001 Paris, Tel. 01-42 60 82 00
Palais des Congrès (3. Etage),
2, Place de la Porte Maillot,
75017 Paris, Tel. 01-40 68 22 51
Galeries Lafayette (3. Etage),
Boulevard Haussmann,
75009 Paris, Tel. 01-42 82 30 32

Im vornehmen Ambiente des Salons in der Rue de Rivoli werden ein Lapsang Souchong und ein Darjeeling in Silbergeschirr serviert.

À PRIORI THÉ
35, Galerie Vivienne
75002 Paris, Tel. 01-42 97 48 75

In der hellen Passage, ganz in Beigetönen gehalten, können die Gäste das Frühstück oder Mittagessen einnehmen und einen der sechzehn klassischen oder aromatisierten Tees trinken.

LA CHARLOTTE DE L'ISLE
24, rue Saint-Louis-en-l'Isle
75004 Paris, Tel. 01-43 54 25 83

Die Teekarte ist eine wahre Fundgrube; zweiunddreißig verschiedene Tees, darunter ein exzellenter Oolong aus Formosa, werden in gußeisernen japanischen Teekännchen serviert.

LA COUR DE ROHAN
59, rue Saint-André-des-Arts
75006 Paris, Tel. 01-43 25 79 67

Dieser behagliche Teesalon mit seinen Antiquitäten und Chintzvorhängen hat eine reichhaltige Teekarte: Unter den achtzehn Teesorten findet sich auch die Mischung »Cour de Rohan«, die von der Besitzerin kreiert wurde.

LADURÉE
16, rue Royale
75008 Paris, Tel. 01-42 60 21 79
75, Champs-Elysées
75008 Paris, Tel. 01-40 75 08 75

Diese eleganten Teesalons im Stil des neunzehnten Jahrhunderts mit ihren gemalten Decken sind berühmt für ihre Makronen.

LES ENFANTS GÂTÉS
43, rue des Francs-Bourgeois
75004 Paris, Tel. 01-42 77 07 63

Das ist eine Kunstgalerie und ein komfortabler englischer Club. Darjeeling, Keemun oder phantasievolle Teemischungen werden hier zum Brunch oder zum Tee serviert.

L'INTERCONTINENTAL
3, rue de Castiglione
75001 Paris, Tel. 01-47 77 11 11

Zu Harfenklängen in der Lobby Bar oder auf der Terrasse wird ein Thé à l'anglaise zelebriert. Es gibt *Muffins*, *Scones*, Gurken-Sandwiches – alles auf Wedgwood-Porzellan.

LE LOIR DANS LA THÉIÈRE
3, rue des Rosiers
75004 Paris, Tel. 01-42 72 90 61

Auf bequemen Sesseln oder dem Canapé, zwischen alten Schränken und einem Wandgemälde »Alice im Wunderland« kann man die Zeit vergessen, während man einen der siebenunddreißig Tees trinkt. Auf der Karte stehen viele aromatisierte Sorten.

MARAIS PLUS
20, rue des Francs-Bourgeois
75003 Paris, Tel. 01-48 87 01 40

Eine Buchhandlung, Teekannen und ungewöhnliche Dekorationsgegenstände, dazu Früchtetees und verschiedene Kuchen.

MARIAGE FRÈRES
30-32, rue du Bourg-Tibourg
75004 Paris, Tel. 01-42 72 28 11
13, rue des Grands-Augustins
75006 Paris, Tel. 01-40 51 82 50
260, rue du Faubourg-Saint-Honoré
75008 Paris, Tel. 01-46 22 18 54

Hinter dem altväterlichen Teekontor der drei Filialen dieser berühmten Firma befindet sich ein *Salon de Thé*. Unter der Glaskuppel des Salons im Marais erinnert alles an die Exotik der Kolonien. Die Teekarte umfaßt vierhundertfünfzig Tees. Wenn man sich nicht entscheiden kann, wird einem von den teekundigen »Boys« im weißen Leinendress weitergeholfen.

LE MEURICE
228, rue de Rivoli
75001 Paris, Tel. 01-44 58 10 10

Die Teekarte im eleganten Salon Pompadour dieses Grandhotels verzeichnet etwa fünfzehn verschiedene klassische und aromatisierte Tees.

LA MOSQUÉE
19, rue Geoffroy-Saint-Hilaire
75005 Paris, Tel. 01-43 31 18 14

Einmalig in Paris! Hier wird ein traditioneller *Thé à la menthe* serviert – im Winter in einem Raum mit orientalischem Dekor, im Sommer im kühlen Innenhof.

LE PLAZA ATHÉNÉE
25, avenue Montaigne
75008 Paris, Tel. 01-53 67 66 65

Zu Klaviermusik werden in der Galerie des Gobelins vier verschiedene Tees gereicht, und im Relais Plaza im Stile eines Restaurants der Normandie kann man bei Harfenklängen unter dreiundzwanzig verschiedenen Tees wählen, darunter ein »Mélange Secret du Plaza«. Es gibt Thé à l'anglaise, serviert mit Schlagsahne, *Toasted Buns*, *Scones* und Mini-Sandwiches.

HOTEL RITZ
15, place Vendôme
75001 Paris, Tel. 01-43 16 30 30

In der Bar Vendôme und im Sommer auf der schönen Terrasse wird gegen 16 Uhr ein Thé à l'anglaise serviert. Zwölf verschiedene Tees, darunter ein Grüntee und ein entcoffeinierter Tee, stehen zur Auswahl. Dazu gibt es Sandwiches, Petit Fours und getoastete *Muffins* mit Ahornsirup oder Orangenmarmelade.

TEA CADDY
14, rue Saint-Julien-Le-Pauvre
75005 Paris, Tel. 01-43 54 15 56

Dieser sehr englische Teesalon gegenüber der kleinen Kirche hat sich seit 1928, dem Jahr seiner Eröffnung durch Miss Kinklin, nicht verändert. In nostalgischer Atmosphäre kann man zehn verschiedene Tees trinken. Dazu werden köstliche hausgemachte Kuchen serviert.

THÉ COOL
10, rue Jean Bologne
75016 Paris, Tel. 01-42 24 69 13

Zum Frühstück, zum Brunch oder zum Fünf-Uhr-Tee hat man die Auswahl unter fünfundzwanzig verschiedenen Tees, die in gußeisernen japanischen Kännchen serviert werden.

TORAYA
10, rue Saint-Florentin
75001 Paris, Tel. 01-42 60 13 00

Seit vierhundert Jahren ist das Haus Toraya Hoflieferant des Kaisers von Japan. Das vornehme Interieur in seiner Pariser Dependance ist ganz in Bambus und schwarzem Lack gehalten. Es werden zwei grüne Tees serviert, ein Sencha und ein Matcha, die traditionell zubereitet werden. In einer angrenzenden Boutique kann man Tees und japanisches Teezubehör kaufen.

TEE AUF JAPANISCHE ART
Wer sich in der japanischen Teezeremonie unterweisen lassen oder darüber informieren will, kann sich mit der Fondation Urasenke (142, boulevard Masséna – Apt 12.11, 75013 Paris) in Verbindung setzen. Außerdem wird dienstags und Sonntag morgen in den Jardins Albert-Kahn (5, quai du Quatre-Septembre, Tel. 46 04 52 80) im Pavillon Ancien der Tee auf japanische Art serviert.

MAISON DE LA CULTURE DU JAPON À PARIS
101, bis quai Branly
75016 Paris, Tel. 01-44 37 95 00

Teezeremonie Mittwoch nachmittag, zwei Sitzungen: 15 und 16 Uhr. Anmeldung erforderlich.

LONDON

BRAMAH TEA AND COFFEE MUSEUM
The Clove Building, Maguire Street
London SE1, Tel. 207-378 0222

Im Dockland nahe der Tower Bridge befindet sich neben dem Design Museum dieses interessante private Museum. Man kann hier Tee trinken und verschiedene Teesorten kaufen.

BROWN'S HOTEL
Albemarle Street
London W1, Tel. 207-493 6020

Das Brown's liegt nur wenige Minuten vom Hyde Park entfernt. Es ist wegen seines Nachmittagstees berühmt. Ab 15 Uhr muß man vor dem holzgetäfelten Salon mit seinen chintzbezogenen Sesseln oft anstehen, da man leider nicht reservieren kann.

CLARIDGE'S
Brook Street, Mayfair
London W1, Tel. 207-629 8860

Hier nimmt man den Tee im *Reading Room* ein, der eine sehenswerte Innenausstattung von 1925 hat. Es ist ratsam, einen Tisch vorzubestellen.

HOTEL RITZ
150 Piccadilly
London W1, Tel. 207-493 8181

Der Tee wird im *Palm Court* mit seinem prachtvollen viktorianischen Dekor serviert. Die Eleganz des Service ist berühmt, ebenso die Auswahl an Sandwiches, belegt mit Gurkenscheiben, mit Räucherlachs, Truthahnbraten etc. Wenn man kein Hotelgast ist, sollte man unbedingt einen Tisch reservieren.

HOTEL SAVOY
The Strand
London WC2, Tel. 207-836 4343

Einer der großen Momente im Londoner Leben ist der Tee im Savoy. Kellner servieren stilvoll den Tee und die Kuchen, die man an Rattan-Tischen genießt, mit Blick auf die Themse.

HOTEL MERIDIEN WALDORF
Aldwych
London WC2, Tel. 207-836 2400

Im Wintergarten der *Palm Court Lounge* wird noch die englische Tradition des Tanz-Tees hochgehalten. Zwischen zwei Walzern trinkt man zu Sandwiches und Kuchen einen Earl Grey, Darjeeling Lapsang Souchong oder eine Spezialmischung des Hauses.

ORIGINAL MAIDS OF HONOUR
288 Kew Road
Kew Gardens
Richmond, Surrey, Tel. 208-940 2752

Dies ist einer der ältesten Teesalons in England. Alle Teeliebhaber sollten hier einmal Tee getrunken haben.

TEA HOUSE AT COLLEGE FARM
45 Fitzalan Road, Finchley
London N3, Tel. 208-349 0690

Diese Teestube aus den zwanziger Jahren wurde erst kürzlich restauriert.

TEA TIME
21 The Pavement, Clapham
London SW4, Tel. 207-622 4944

Diese bekannte Teestube wird von Jane Pettigrewy, der Autorin des Buches *Tea Time*, betrieben. Man findet hier eine große Auswahl an Tees sowie Gebäck nach Originalrezepten der Besitzerin.

TEEHANDLUNGEN

Wo kauft man Tee? Wer berät einen? Wer sind die besten Spezialisten für japanischen oder russischen Tee? Wo findet man eine große Auswahl an Teekannen? Hier einige der besten Adressen:

PARIS

BETJEMAN & BARTON
23, boulevard Malesherbes
75008 Paris, Tel. 01-42 65 86 17
24, boulevard des Filles-du-Calvaire
75011 Paris, Tel. 01-40 21 35 52

Jeden Tag kann man hier einen der hundertzwanzig Tees, die in grünen oder roten Büchsen angeboten und in einem Katalog beschrieben werden, probieren. Man findet auch Teekannen, Teesiebe, Teekugeln oder Lackdosen, *Tea Caddies* aus Edelhölzern und vier verschiedene Tees in Nylonbeuteln, in denen sich die Teeblätter ohne Aromaverlust entfalten können – eine Spezialität von Betjeman & Barton. Man kann aber auch *Scones*, *Crumpets*, *Muffins* und *Mince Pies* sowie Tee-Gelees kaufen.

COMPAGNIE ANGLAISE DES THÉS
1, rue Pierre-Lescot
75001 Paris, Tel. 01-40 39 95 43

Diese kleine Teehandlung wurde 1832 gegründet und belieferte ehemals Napoleon III. Man findet hier über hundert verschiedene Tees aus allen Anbaugebieten sowie Teemischungen, entcoffeinierte und aromatisierte Tees. Auch kann man sich hier seine persönliche Mischung herstellen lassen.

LES CONTES DE THÉ
60, rue du Cherche-Midi
75006 Paris, Tel. 01-45 49 45 96

Neben den Tees aus den klassischen Anbaugebieten findet man hier auch einen brasilianischen Tee und einen von der Insel Mauritius, außerdem etwa dreihundert meist exzentrische Teekannen, Teewärmer, Samoware und *Tea Caddies*.

CAFÉS ESTRELLA
34, rue Saint-Sulpice
75006 Paris, Tel. 01-46 33 16 37

Ein winziger Laden, der hundertzwanzig Teesorten, darunter ein Dutzend Darjeelings, anbietet und Tees von Fortnum & Mason führt. Hier werden auch aromatisierte Mischungen nach Art des Hauses hergestellt.

FAUCHON
28, place de la Madeleine
75008 Paris, Tel. 01-47 42 60 11

In der Teeabteilung dieses mehr als hundert Jahre alten Hauses findet man etwa sechzig lose Teesorten aus den besten Teegärten, exklusive Hausmischungen und aromatisierte Tees. Jeden Tag wird hier ein anderer Tee zum Probieren ausgeschenkt.

GALERIES LAFAYETTE
40, boulevard Haussmann,
75009 Paris, Tel. 01-42 82 34 56

In der Gourmet-Boutique werden etwa vierzig verschiedene Tees angeboten. Außerdem gibt es einen Probeausschank.

HÉDIARD
21, place de la Madeleine
75008 Paris, Tel. 01-43 12 88 88

Im kleinen roten Anbau werden etwa hundert verschiedene Tees angeboten: achtundzwanzig klassische Tees, siebzig parfümierte Tees und drei entcoffeinierte. Hervorzuheben ist die superbe Auswahl an Spitzentees aus Darjeeling sowie die berühmte »Mélange Hédiard«

MARIAGE FRÈRES
30-32, rue du Bourg-Tibourg
75004 Paris, Tel. 01-42 72 28 11
13, rue des Grands-Augustins
75006 Paris, Tel. 01-40 51 82 50
260, rue du Faubourg-Saint-Honoré
75008 Paris, Tel. 01-46 22 18 54

Diese im Kolonialstil eingerichtete Teehandlung besteht seit 1853. Die Teeauswahl ist überwältigend: Mehr als vierhundertfünfzig Tees aus dreißig Anbauländern werden angeboten. Fachkundiges Personal und ein Katalog erleichtern die Qual der Wahl. Außerdem findet man hier mehr als dreihundert Teeservice, Teekannen, Samoware, Teedosen und sämtliches Teezubehör. In der Rue du Bourg-Tibourg hat Mariage Frères ein kleines Teemuseum

eröffnet, wo seltenes Teezubehör aus dem achtzehnten und neunzehnten Jahrhundert ausgestellt ist.

MARKS & SPENCER
35, boulevard Haussmann
75009 Paris, Tel. 01-47 42 42 91
88, rue de Rivoli
75004 Paris, Tel. 01-44 61 08 00

Unter seiner eigenen Marke (St Michael) vertreibt das englische Kaufhaus in all seinen Filialen ein Dutzend klassischer Teesorten sowie englisches Teegebäck.

LE PALAIS DES THÉS
35, rue de l'Abbé-Grégoire
75006 Paris, Tel. 01-45 48 85 81
21, rue Raymond-Losserand
75014 Paris, Tel. 01-43 21 97 97

In dem Geschäft mit den grauen Teedosen gibt es dreihundert verschiedene Teesorten, aber auch antike und moderne Samoware, Teekannen, vielerlei Teezubehör und eine Teebibliothek. Für den Samowar gibt es Tee aus Georgien, Aserbeidschan und dem Kaukasus sowie vier russische Mischungen.

TORREFACTION GUIRAUD
21, boulevard de Reuilly
75012 Paris, Tel. 01-43 43 39 27

Hundertdreißig Teesorten, aromatisiert, geräuchert, grün oder schwarz, eine reiche Auswahl chinesischer Tees sowie Assams und Darjeelings findet man in dieser Teehandlung.

VERLET
256, rue Saint-Honoré
75001 Paris, Tel. 01-42 60 67 39

Verlet gehört zu jenen Spezialgeschäften, die sich durch großes professionelles Können auszeichnen. Es ist zwar bekannter wegen seines Kaffees, doch hier sind auch etwa dreißig ausgewählte Tees im Angebot. Im Laden gibt es einen Probe-Ausschank für Tee, doch der Kaffeeduft ist so stark, daß man das Teearoma nur erahnen kann.

LONDON

FORTNUM & MASON
181, Piccadilly
London W1, Tel. 207-734 8040

Seit fast dreihundert Jahren ist dieses Geschäft der Lieferant der englischen Aristokratie. Engländer und Touristen drängen sich vor den Teeregalen mit den grünen Büchsen, in denen sich die Darjeeling- und Ceylon-Tees, die Oolongs aus Taiwan und die berühmten Mischungen Royal, Queen Anne, Celebration, Fortmason, New York etc. befinden. Man kann dort auch zu Sandwiches, *Scones* und köstlichem Gebäck einige der Tees probieren.

HARRODS
Knightsbridge
London SW1, Tel. 207-730 1234

In den berühmten Food Halls mit dem großartigen Fliesendekor werden u. a. die Tees von Betjeman & Barton verkauft. Prinz Charles soll eine Schwäche für die mit Bergamotte und Zitrusfrüchten parfümierte Mischung Pouchkine haben.

TEA HOUSE COVENT GARDEN
15, Neal Street
London WC2, Tel. 207-240 7539

Hinter der rot-schwarzen Ziegelfassade verbirgt sich ein originelles Geschäft, in dem man fünfundvierzig Tees aus Indien, Ceylon, China und Japan sowie »Teaphernalia« – Dinge rund um den Tee – erhält. Postversand der Tees ist möglich. Filialen gibt es in Oxford und in Stratford-on-Avon.

TWININGS
216, Strand
London WC2, Tel. 207-353 3511

Londons älteste Teehandlung, im Jahre 1706 von Thomas Twining gegründet, ist noch immer im Familienbesitz. Hier werden mehr als fünfzig Teesorten angeboten. Dem Laden angeschlossen ist ein kleines Teemuseum mit der größten Teekanne der Welt.

MÜNCHEN

ALOIS DALLMAYR
Dienerstraße 14-15
80331 München, Tel. 089-2 13 50

Drei Jahrhunderte läßt sich die Geschichte des Hauses Dallmayr zurückverfolgen. Schon um 1900 gehörte es zu den führenden Delikatessenhäusern Europas und war nicht nur Hoflieferant des bayerischen Königshauses, sondern auch des deutschen Kaiserhofes in Berlin.
Heute ist die Delikatessenhalle mit dem puttenverzierten Brunnen eine der Sehenswürdigkeiten Münchens. In der Teeabteilung werden die losen Tees in bauchigen Gefäßen aus Nymphenburger Porzellan aufbewahrt und auf traditionellen Balkenwaagen ausgewogen. Angeboten werden etwa siebzig Tees aus Indien (Darjeeling, Assam. Dooars, Nilgiri), aus Ceylon, China, Japan, Java und Kenia, vierzehn aromatisierte Tees, eine russische und eine englische Mischung sowie ein entcoffeinierter Tee. Jeder Dallmayr-Tee wird von den Fachleuten des Hauses aus Hunderten von Proben aus den besten Ernten herausragender Anbaugebiete ausgewählt.
Eine Teeliste ist erhältlich. Dallmayr verschickt Tees in alle Welt.

J. EILLES
Residenzstraße 13
80333 München, Tel. 089-22 61 84

Schon im Jahre 1873 war das Spezialitätenhaus J. Eilles Mitbegründer der Münchener Teekultur. Im Jahre 1885 erhielt es das Privileg eines »Königlich Bayerischen Hoflieferanten« und wurde somit für die hohe Qualität seiner Spezialitäten geadelt. Bis heute hat sich an diesem hohen Qualitätsanspruch nichts geändert. Das Haus Eilles bietet in seinen Spezialgeschäften nur feinste Tees aus den besten Anbaugebieten der Welt an. Das Angebot enthält über hundert ausgesuchte Tees – reine und edelste Hochgewächse aus dem Himalaya, feinste Schwarztees aus Ceylon, China, Indonesien und Ostafrika, grüne Tees aus Japan sowie edle Schwarzteemischungen bester Provenienzen. Das wohlausgewogene Schwarztee-Sortiment wird durch eine Vielzahl von aromatisierten Tees und Früchtetee-Mischungen abgerundet. In München wurde 1927 das geschmackvoll eingerichtete Hauptgeschäft auf der Residenzstraße eröffnet. Es ist im altholländischen Stil mit Delfter Kacheln ausgestattet.

FREIBURG

TEE PETER KAFFEE GmbH
Kaiser-Joseph-Straße 230
79098 Freiburg, Tel. 0761-40 99 74

Tee war noch recht unbekannt in Freiburg, als hier 1883 ein kleiner Handelsbetrieb eröffnet wurde, der die exotischen Blätter aus Fernost importierte. Bald folgten ein Ladengeschäft und eine eigene Kaffeerösterei. Über siebzig Tees aller Blattgrade aus Darjeeling, Assam, Sikkim, Nepal, Ceylon, China, Formosa, Japan und Afrika, dazu achtundsechzig aromatisierte Tees und Früchtetee-Mischungen sind im Angebot.
Das besondere Interesse des Inhabers gehört dem grünen Tee: Zur Zeit sind neun Grüntees aus China, neun aus Japan (darunter für die Teezeremonie ein Kokeicha und ein Matcha-Pulvertee) sowie zwei nordindische Grüntees aus Darjeeling und Assam im Sortiment. Aktuelle Übersichtslisten sind erhältlich, und ein Postversand ist möglich.

BREMEN

PAUL SCHRADER und Co.
Spitzenkiel 14 (Ladengeschäft)
28195 Bremen, Tel. 042 03-432 43

Als Kapitän Paul Schrader 1921 in Bremen eine Tee- und Kaffeefirma gründete, hat er sicher nicht geahnt, daß heute sein Name für viele Teetrinker zum Inbegriff der Bremer Tee-Tradition geworden ist. Bereits vor dem Krieg wurde eine »gepflegte Kundschaft« im gesamten ehemaligen Reichsgebiet auf dem Postweg mit Tee, dem stets das besondere Augenmerk galt, und Kaffee beliefert.
Heute umfaßt das Angebot – neben vielem anderen – etwa zweihundert verschiedene Tees aus aller Welt – aus den besten Gärten von Darjeeling (Lingia, Namring, Soom u. a.), aus Asssam, Südindien, Ceylon, China und Formosa, Japan, Indonesien, Nahost und Afrika. Der umfangreiche Versandkatalog ist voller interessanter Informationen über die einzelnen Tees.

HAMBURG

HAUS DES OSTENS
Jungfernstieg 7
Neuer Wall 10 (Kontor)
20354 Hamburg, Tel. 040-34 36 80

In Hamburg, das nach Rotterdam der größte europäische Umschlagplatz für Tee ist und London längst den Rang abgelaufen hat, befindet sich auch eine der besten deutschen Teehandlungen. Hundert verschiedene Tees aus allen Anbaugebieten der Welt, je nach Auslieferung auch mehr, findet man im Haus des Ostens. Besonderer Wert wird hier auf die indischen Spitzentees aus den besten Gärten von Darjeeling und Assam gelegt. Eine Versandliste kann angefordert werden.

WIEN

SCHÖNBICHLER
Wollzeile 4
1010 Wien, Tel. 512 18 68

Wohl das traditionsreichste Teefachgeschäft in Wien. Bestens geschultes Personal offeriert neben einer großen Auswahl klassischer Tees auch feine Spirituosen und edles Porzellan aus Japan und China.

JÄGER TEE
Operngasse 6
1010 Wien, Tel. 512 62 59

Ältestes Teefachgeschäft von Wien, gegründet 1862. Neben einer reichen Auswahl an klassischen Tees aus Indien, China und Sri Lanka gibt es eine Auswahl aromatisierter Tees und Früchtetees.

DEMMERS TEEHAUS
Mölker Bastei 5
1010 Wien, Tel. 533 59 95

Hier findet man eine große Auswahl feiner Teespezialitäten aus Indien, China, Sri Lanka und Japan sowie als Spezialität des Hauses eine große Auswahl lustiger Teekannen. Das Sortiment reicht von englischen Keks- und Marmeladespezialitäten über eine große Auswahl an Servicen, Kannen und allen erdenklichen Tee-Accessoires. Im ersten Stock befindet sich eine gemütliche Teestube.

TEEMARKEN

Außer in Spezialgeschäften findet man im Lebensmittelhandel und in den entsprechenden Abteilungen der großen Kaufhäuser eine Vielzahl von Markentees. Hier folgt eine Auswahl bekannter Marken.

ANGLAS
Diese Marke wurde im neunzehnten Jahrhundert in Warschau gegründet und wird heute in den Pariser Warenhäusern Bon Marché und in Delikatessenhandlungen und Abteilungen der Kaufhäuser vertrieben. Sie bietet etwa dreißig feine Teesorten, besonders gerühmt wird der großblättrige Ceylon Nr. 74.

BETJEMAN & BARTON
Diese französische Firma wurde 1919 in Paris von einem Engländer gegründet. Heute wird eine Anzahl dieser Tees international, u. a. auch in England und Japan, verkauft. Das Angebot umfaßt hundertsechzig Tees aus allen Anbaugebieten sowie gut komponierte Mischungen. Das gesamte Sortiment ist im Pariser Hauptgeschäft (23, boulevard Malesherbes) erhältlich, wo auch ein Verzeichnis aller Filialen bereitliegt.

CANNON
Diese Marke wurde 1898 gegründet und befindet sich heute im Besitz der Familie Scala. Es werden Tees höchster Qualität aus allen Herkunftsgebieten vertrieben.

CARREFOUR
Vier Varietäten ausgewählter Teesorten werden direkt importiert. Die Tees werden sorgfältig verarbeitet und in Nylonsäckchen aus japanischer Herstellung vertrieben.

COMPAGNIE COLONIALE
Überall in Frankreich findet man in guten Lebensmittelgeschäften und Kaufhäusern die zweifarbigen Teebüchsen der Compagnie Coloniale. In ausgewählten Geschäften kann man etwa hundert ihrer Tees, darunter beste Gartentees, auch lose kaufen.

COMPTOIR FRANÇAIS DU THÉ
Dieser bekannte Teekontor wurde 1981 gegründet und bietet 133 Teesorten,

darunter ausgezeichnete Darjeelings, Ceylons, Assams und chinesische Tees, exklusiv einen halbfermentierten aus Formosa namens Ton Ting Colong. (21, rue Huguerie, Bordeaux)

ÉLÉPHANT
Die Schachteln mit dem kleinen Elefanten, die 25 Teebeutel enthalten, findet man fast überall. Ein reiner Ceylon, drei Sorten ohne Tein, darunter auch ein Earl Grey, und sieben parfümierte Sorten mit Fruchtaromen.

FORTNUM & MASON
Seit 1707 stehen diese beiden Namen für englische Tradition und feine englische Art. Die berühmten Mischungen dieses Hauses werden international in guten Fachgeschäften und Kaufhäusern vertrieben. Das ganze Sortiment der neunundreißig Tees aus Indien, Ceylon und China ist leider nur in London erhältlich. Doch etwa zwanzig Mischungen findet man auch in Deutschland – u. a. solche Klassiker wie Queen Anne, Earl Grey oder New York.

KOUSMICHOFF
Dieses Haus ist seit dem neunzehnten Jahrhundert, als es die feine Sankt Petersburger Gesellschaft belieferte, bekannt für seine russischen Mischungen. Heute findet man seine Tees, von denen es insgesamt hundert gibt und die alle Nummern statt Namen tragen, in guten Lebensmittelhandlungen in Frankreich und Deutschland.

LENÔTRE
In den Geschäften Lenôtre in Paris und Umgebung findet der Teeliebhaber eine hervorragende Auswahl von 13 Teesorten in roten Metalldosen, neben reinen chinesischen auch mehrere Mischungen. Die hauseigene Mischung besteht aus chinesischen und indischen Sorten, aromatisiert mit Zitrusfrüchten.

LIPTON
Die bekannten achteckigen Dosen mit diesem Namen sind in vielen Spezialgeschäften und im gutsortierten Lebensmittelhandel zu finden. Beliebte Tees dieser Marke sind u. a. Darjeeling Himalaya, Royal Ceylon, Imperial Russia und English Breakfast.

MARIAGE
Dies ist eine der ältesten französischen Teemarken. Eine Auswahl von sechzig ihrer Tees findet man in den Spezialabteilungen der beiden großen französischen Kaufhäuser Galeries Lafayette und Bon Marché. Das ganze Sortiment von dreihundertfünfzig verschiedenen Tees ist nur in den beiden Pariser Geschäften in der Rue du Bourg-Tibourg und in der Rue des Grands-Augustins sowie auf dem Versandweg erhältlich.

MESSMER TEE
Diese Marke hat eine über hundertjährige Tradition und steht für höchste Qualität. Angeboten werden Traditionstees wie Assam, Ceylon und Darjeeling, Länderspezialitäten wie China Yunnan, China Gunpowder, Java und Ostfriesische Mischung sowie zur Zeit sieben Plantagen-Tees, von denen jeder ausschließlich aus der Ernte eines Teegartens stammt. Eine Anzahl aromatisierter Schwarztees runden das Sortiment ab.

MILFORD TEA
Diese Tees sind in allen gängigen Sorten, aromatisiert, lose und abgepackt erhältlich. Sie sind eine preisgünstige Alternative mit einem jungen Image.

OnnO BEHRENDS
Die Marke ist besonders in Norddeutschland und vor allem in Ostfriesland beliebt, wo zehnmal mehr Tee als im übrigen Deutschland getrunken wird. Diese Tees – mit Kluntje und Sahne getrunken – entsprechen ganz dem ostfriesischen Geschmack.

OSTFRIESISCHE TEEGESELLSCHAFT
Zu der Ostfriesischen Teegesellschaft gehören die drei bekannten deutschen Marken Meßmer Tee, OnnO Behrends Tee und Milford Tea.

TEEKANNE
Das Stammhaus dieser Firma wurde 1882 in Dresden gegründet. Sie war eine der ersten, die den bisher lose gehandelten Tee in geschlossenen Packungen verkaufte und so vor Aromaverlust und fremden Geschmackseinwirkungen bewahrte. Nach 1945 wurde der Firmensitz nach Düsseldorf verlegt. Die Tees werden unter den Namen TEEKANNE und SIR WINSTON vertrieben. Sie sind ausschließlich über den Lebensmittelhandel erhältlich.

TWINING
Die Tees dieses englischen Handelshauses, eine der ältesten Teefirmen überhaupt, sind weltbekannt und bei uns in allen gutsortierten Lebensmittelgeschäften erhältlich. Besonders beliebt: die Mischungen Earl Grey, English Breakfast.

GLOSSAR

ASSAM: Größtes Teeanbaugebiet der Welt im Nordosten Indiens und gleichzeitig Name des Tees mit kräftigem Aroma, der dort erzeugt wird.

BLENDER: Englischer Ausdruck für den Fachmann, der die Teemischung *(Blend)* zusammenstellt.

BROKEN ORANGE PEKOE (B.O.P.): Ein beim Rollen gebrochener Kurzblatt-Tee mit wenigen Tips und kräftigem Aufguß.

BROKEN PEKOE (B.P.): Bei der C.T.C.-Produktion (s. u.) eine Sortierung mit sehr kräftigem Aufguß.

CAMELLIA SINENSIS: Botanischer Name des Teestrauchs.

CEYLON: Die alte Bezeichnung für Sri Lanka, die im Teehandel für die Tees aus diesem Gebiet noch immer verwendet wird.

CHINGWO: Schwarzer Tee aus der Provinz Fujian.

CHUNMEE: Grüner, kugelig gerollter Tee aus China.

C.T.C: Crushing, Tearing, Curling, d.h. Zerbrechen, Zerreißen, Rollen – eine moderne maschinelle Fabrikationsmethode, bei der die Teeblätter nach dem Welken durch mit Dornen besetzte Walzen fein zerrissen werden. Die C.T.C.-Tees sind ergiebiger, haben jedoch weniger Aroma als die auf orthodoxe Art hergestellten.

DARJEELING: Teeanbaugebiet und Ort in Nordindien, im Vorgebirge des Himalaya, wo Spitzentees mit blumigem Aroma produziert werden.

DIMBULA: Teedistrikt im Westen von Sri Lanka, wo kräftige, würzige Tees erzeugt werden.

DOOARS: Teeanbaugebiet in Nordindien, zwischen Darjeeling und Assam.

DUST: Zu kleinsten Partikeln – weniger als 1 Millimeter – zerriebene Teeblätter und Bezeichnung für die kleinste Sortierung. Sie wird für Teeaufgußbeutel verwendet und ist besonders ergiebig.

EARL GREY: Ein schwarzer chinesischer Tee, der mit Bergamottöl aromatisiert ist. Der Klassiker unter den aromatisierten Tees.

FANNINGS: Die zweitkleinste Sortierung mit Blattpartikeln von 1 bis 1,5 Millimetern, die kräftige Tees ergibt.

FERMENTATION: Der Oxydationsprozeß bei der Herstellung von schwarzem Tee, bei dem dieser seine dunkle Farbe bekommt.

FLAVOUR: Der Duft eines Tees, der sich aus seinem Gehalt an ätherischen Ölen ergibt.

FLOWERY ORANGE PEKOE (F.O.P.), bei Darjeelings auch Golden Flowery Orange Pekoe (G.F.O.P.) und Tippy Golden Flowery Orange Pekoe (T.G.F.O.P.): Ein Blatt-Tee mit dünnem, drahtigem Blatt und Tips, d.h.

197

Blattspitzen mit weniger Gerbsäure, die daher beim Fermentieren heller bleiben. Weniger ein Zeichen für besondere Qualität, als dafür, daß junge Blätter verwendet wurden.

FLUSH: Die Spitze eines Triebes mit der Blattknospe und den beiden folgenden Blättern, die bei der Ernte vom Strauch geplückt werden, auch Bezeichnung für die Ernte selbst.

FIRST FLUSH: Bei nordindischen Tees Bezeichnung der ersten Pflückung nach der Vegetationspause im Winter.

SECOND FLUSH: Bei nordindischen Tees die zweite Pflückperiode von Anfang Juni bis Anfang Juli.

GARTENTEE: Tee aus einem einzigen Teegarten, also keine im Handel hergestellte Mischung.

GOLDEN TIPS: Die gold- bis kupfergelben Spitzen *(Tips)* junger Blätter, an denen beim Trocknen Saft karamelisiert ist – ein Zeichen für eine sorgfältige Verarbeitung.

GUNPOWDER (»Schießpulver«): Ein grüner Tee aus China mit kugelig gerolltem Blatt.

KEEMUN: Schwarzer Tee aus der chinesischen Provinz Anhui.

KENIA: Schwarzer Tee aus Kenia, einer der besten afrikanischen Tees.

LAPSANG SOUCHONG: Chinesischer Tee mit charakteristischem Raucharoma.

MATCHA: Pulverisierter grüner Tee aus Japan, der bei der Teezeremonie verwendet wird.

NATURAL LEAF: Blätter von grünem Tee, die ganz und nicht gerollt sind.

NILGIRI: Schwarzer Tee aus dem Hochland von Nilgiri in Südindien.

OOLONG: Halbfermentierter Tee aus China und Formosa mit besonders duftigem Flavour.

ORANGE PEKOE (O.P.): Ein Blatt-Tee mit langem, drahtigem Blatt, das größer als beim F.O.P. (s.o.) ist. »Orange« bezieht sich wahrscheinlich auf das holländische Königshaus Oranien, daher ein königlicher und besonders guter Tee.

PEKOE: Siehe Flowery Orange Pekoe.

PEKOE SOUCHONG (P.S.) und Souchong: Chinesische Bezeichnung für die gröbsten Teesorten mit breitem, offenem Blatt und dünnem Aufguß.

ROLLEN: Arbeitsvorgang bei der Teeherstellung, bei dem sich die ätherischen Öle entwickeln.

SENCHA: In Japan der beliebteste Grüntee.

SORTIEREN: Letzter Arbeitsgang bei der Teeproduktion, bei dem der Tee durch Siebe in die verschiedenen Blatt- und Brokengrade sortiert wird.

SZETSCHUAN: Nordchinesische Provinz und der dort erzeugte Tee.

TARRY SOUCHONG: Schwarzer Tee aus China und Formosa mit kräftigem Rauchgeschmack.

TEA CADDY: Englische Bezeichnung für Teedose.

TEA TASTER: Der Teekoster, der auf den Plantagen und beim Händler die Tees verkostet.

TEE, aromatisierter: Ein Tee, der mit Blüten, Früchten oder Essenzen aromatisiert ist. Der bekannteste ist der Earl Grey.

TEE, grüner: Ein unfermentierter Tee, der nach dem Welken kurz erhitzt wird, um die Blattenzyme zu inaktivieren.

TEE, halbfermentierter: Er wird nur einer kurzen Fermentation unterzogen und liegt geschmacklich zwischen grünem und schwarzem Tee.

UVA: Teedistrikt im Hochland von Sri Lanka, wo einer der begehrtesten Ceylontees wächst.

YÜNNAN: Chinesischer Schwarztee aus der Provinz Yünnan. Diese Teesträucher gehören mit denen aus Assam zu den Urpflanzen des Tees.

BILDNACHWEIS

REGISTER

199

Titel der französischen Originalausgabe:
LE LIVRE DU THÉ

4., überarbeitete Auflage 2001

Die Originalausgabe erschien im Verlag Flammarion, Paris
Copyright © 1991 by Flammarion, Paris
Copyright © 1992 der deutschen Ausgabe by Wilhelm Heyne Verlag GmbH & Co. KG, München
Copyright © dieser Ausgabe by Collection Rolf Heyne GmbH & Co. KG, München
Layout: Marc Walter
Umschlaggestaltung: Christian Diener
Kartographie: Léonie Schlosser
Satz: Schaber, Wels
Printed in Italy by G. Canale & C. S.p.A. - Borgaro T.se

ISBN 3-453-20657-6